远古之孑遗

——南京博物院藏安特生考古资料

南京博物院　编著

文物出版社

图书在版编目（CIP）数据

远古之孑遗：南京博物院藏安特生考古资料 / 南京博物院编著. -- 北京：文物出版社，2024. 10. -- ISBN 978-7-5010-8552-1

Ⅰ. K87

中国国家版本馆CIP数据核字第20245E6L59号

远 古 之 孑 遗

——南京博物院藏安特生考古资料

编　　著：南京博物院

封面设计：刘雅馨
责任编辑：刘雅馨　秦　彧
责任印制：王　芳

出版发行：文物出版社
社　　址：北京市东城区东直门内北小街2号楼
邮　　编：100007
网　　址：http://www.wenwu.com
邮　　箱：wenwu1957@126.com
经　　销：新华书店
印　　刷：北京荣宝艺品印刷有限公司
开　　本：889mm×1194mm　1/16
印　　张：14
版　　次：2024年10月第1版
印　　次：2024年10月第1次印刷
书　　号：ISBN 978-7-5010-8552-1
定　　价：300.00元

编辑委员会

编　　委：（按姓氏笔画为序）

马永强　　王奇志　　田名利　　张金萍

周　竑　　姚文娟　　徐建清　　巢　臻

主　　编：徐建清

撰　　文：徐建清　　姚文娟　　曹希平

器物摄影：刘悉瑞

线　　图：潘明月　　吕真理

安特生漫谈（代序）

在浩如烟海的南京博物院文物藏品中，有一批陶器 28 件、石器 305 件（共计 333 件）的文物一直默默无闻，但它们却和一位考古学史上极其重要的人物——安特生（1874～1960 年）密切相关，在南博的藏品档案中，可以确定它们最早来自安特生在华期间的考古活动。安特生是瑞典人，他考古发掘及采集的文物，目前已知保存最为丰富的一批保存于瑞典东方博物馆。1925 年，中国地质调查所与瑞典方面签订协议，其中有平分安特生在中国所获文物的办法。1926～1936 年，瑞典方按协议分 7 次将文物退还中国。然而，这批文物最终却成为中国考古史上的一大悬案。南京博物院藏这 333 件文物的来源明确指向安特生，无疑为解开这一迷案向前迈进了一步（这 333 件文物的来源在本书中也有专文探讨）。

谈到中国考古学史，安特生是一个绕不开的人物。自清代中叶，就有俄国、法国、英国、日本等国的学者在中国从事田野考古活动。而中国考古学界则把 1921 年仰韶村的发掘作为中国现代考古学的开始之年[1]。其中一重要原因，在于尽管仰韶村遗址由外国人安特生发现并主持发掘，但这是中国农商部地质调查所田野工作的组成部分，而安特生是中国高薪聘请的顾问。

作为蜚声中外的学者，安特生的成就是多维度的，其经历也丰富多彩。按其活动轨迹，其人生大致可分为二个阶段。

第一阶段，1874～1914 年，瑞典。安特生 1901 年毕业于乌普萨拉大学，获地质学专业博士学位，1902～1903 年曾赴南极探险、考察，后主编和编写《世界铁矿资源》《世界煤矿资源》两本调查集，曾任万国地质学会秘书长，是当时世界上非常知名的地质学家。

第二阶段，1914～1927 年，中国（1925～1926 年期间曾返瑞典）。1914 年，安特生受聘于中国北洋政府农商部矿政司，任矿政顾问。他的主要任务是帮中国寻找铁矿和煤矿。时局和工作目标的变化，也导致安特生兴趣和工作重心的转变。1918 年冬，安特生第一次调查了北平城外周口店村附近一个洞穴的化石土层，在那里发现了鸟类和啮齿动物的骨骼化石。1919 年年初，安特生才意识到他完全有可能发现了中国早期人类的重要线索。他的这次活动最终成就了"北京人"这一轰动世界的考古发现。1919 年夏，安特生派遣中国地质调查所朱庭祜执行一项使命时，让他留意史前人类和文化痕迹。朱庭祜从内蒙古东部和当时伪满洲国南部的农民手中收集了上百件石器，并判断这是中国新石器时代的石器工具，由此，安特生进入了一个全新的领域。随后又把收集石器工具的视角放到河南的黄河周边地区。1920 年下半年，安特生派助手刘长山到河南西部做调查，至年底，刘长山带回了一大批自渑池县仰韶村买来的石器，并把这些石器工具和土壤中的

---

[1]　〔瑞典〕安特生著，王涛、秦存誉、徐小亚译：《河南史前遗址》，文物出版社，2021 年，第 1 页。

特定土层和特定考古学意义的文化联系起来。1921 年 4 月，安特生来到仰韶村，在村南冲沟的断面上发现了厚厚的灰土层，灰土层中有彩陶片和石器共存。这是仰韶遗址发现之始。1921 年秋，在征得农商部及地质调查所同意，又获得河南省政府和渑池县政府的支持，安特生会同地质调查所同事袁复礼及数名中国助手对仰韶遗址进行了第一次科学发掘，从而开启了中国现代考古学的序幕。为解决研究仰韶遗存面临的困惑，1923～1924 年，安特生带领考察队向西到青海、甘肃进行调查和发掘，期间发现并发掘了多处史前遗址，也获取了大量的文物和标本。安特生的发现在中国引起了很大的反响，并吸引了国际社会的极大兴趣。1925 年 7 月，安特生回到瑞典，1926 年，瑞典政府任命他为东亚考古学教授、东亚古物收藏馆（即现东方博物馆前身）馆长。1926 年 9 月至 1927 年 5 月，安特生又返还北平，并参与了一系列重大的活动。

　　1927～1960 年为第三阶段，其活动范围主要是瑞典，1936～1937 年曾重新返华，但因为战争等因素打断了他的重大计划。这一阶段，安特生花极大的精力研究整理在中国获得的文物及资料，出版了大量的研究报告及书籍。

　　安特生成为现代中国考古学的重要影响者是有方方面面的因素及机缘。20 世纪初的瑞典，从经济、军事、人口等多方面而言，算不上强国，它在政治上一直保持中立，但在科学上，许多方面处于世界领先地位。当时瑞典政府非常希望与中国政府达成为中国派出瑞典顾问的协议，这对瑞典在中国、东亚乃至世界各地的声誉无疑是有好处的，更能提升瑞典在中国的地位。安特生来中国之前的身份是地质调查局局长，一位极地探险家，世界知名的地质学家。之前，他的同胞斯文·赫定已经四次进入中国进行探险考察。他和斯文·赫定一样，具有强烈的冒险基因。而到中国的工作机会，有非常大的探索性，可以给安特生打开一扇来自神秘国度更广阔世界的新窗口，自然给了安特生极大的吸引力。当时的中国，正是积贫积弱，经历了西方列强数十年的殖民统治。清政府垮台后，新的外国顾问制度很快成为西方列强控制中国经济的一种方式，他们为中国提供大笔高息贷款，作为交换条件，是允许他们派出高级顾问，以此来扩大自身利益。当时政府中的有识之士也认识到这一问题，不过因为瑞典政治上的中立身份，对中国的相对友好立场，以及中国政府当时对矿业发展的迫切需求，最终聘请安特生为矿业顾问。

　　安特生来华的初期，作为矿业顾问，为中国政府在探矿、地质人才培养等方面作出了较大成绩。如果一直沿着此轨迹走下去，他会是一个非常成功的地质学家。而在地质调查过程中，一些古生物化石以及史前石器的发现，促使了安特生工作重心的转移。安特生的中国朋友、地质调查所丁文江所长的远见卓识以及对他的大力支持，最终成就了安特生在中国现代考古史上的功与名。1918 年冬，安特生第一次调查了周口店附近一个洞穴的化石土层。1921 年，安特生利用瑞典中国委员会的资金，聘请奥地利年轻的古生物学家师丹斯基对周口店进行调查和实地发掘，获取了大量古生物材料和两颗人类的牙齿，它们来自数十万年前的世界，在考古史和科技史上具有非常重大的意义。而 1929 年，裴文中（1904～1982 年）在周口店发现了第一个头盖骨碎片，确证了北京人的存在。除了周口店北京人遗址的发现与发掘，同等重要的是他主持了仰韶遗址的发掘。在发掘过程中，安特生通过他掌握的地质学方面的知识、方法以及不够系统的西方考古学的一些知识和原则，运用了测绘、标本采集、科学记录手段，利用地层学的基本原理进行发掘，并通过后续的资料整理、研究，形成报告公开发表。尽管现在看来许多细节还显粗糙，但这些做法在方法论上为中国考古学确立了最初的典范，因而仰韶遗址的发掘被公认为中国现代考古学真正开启的重大事件。1921 年也成为中国考古学元年。

因为史前考古在中国属于开创性工作，系统的资料非常匮乏，安特生通过查找国外的相关资料，经过比对、分析，认为仰韶遗址的彩陶纹样与当时俄属土耳其斯坦安诺[1]的彩陶纹样极其类似，因此认为，史前的中国以某种方式受到西方文明的影响，由此推想中国和欧亚大陆之间在远古时期就存在文化迁移、传播的通道，这一切又促成了他远赴甘肃、青海的考古调查、发掘。尤其是在甘肃的一系列调查、发掘，获得了丰硕的成果，并于 1924 年发现了齐家遗址、马家窑遗址，后又发现了半山、寺洼等遗址。安特生通过整理甘肃调查、发掘的资料，提出了甘肃远古时代六期说[2]：齐家期、仰韶期、马厂期、辛店期、寺洼期、沙井期。安特生提出的仰韶文化受到中亚安诺的影响，在当时就存在争议，至于把齐家文化年代列在仰韶文化之前，更被以后的考古材料所推翻，但在当时资料稀少及受限的科技条件下，毫不影响他对中国现代考古学的贡献。

仰韶文化的发现，证明了中国史前史的存在，突破了中国古代文献记录的范畴；而周口店的发掘，揭开了周口店"北京人"考古发掘的大幕，开启了对中国人类起源的探索、研究，并具有世界范围的意义，也让中国传统史学家认识到，考古对中国古代历史尤其是远古史研究的重大价值。

自 1914 年始，安特生连续在华工作、生活十一年。后又两次短暂踏进中国领土。可以说，安特生自从第一次来到中国，便把他的后半生和中国紧密联系在一起，中国也成为他的第二故乡。他在地质学和考古学上的成就有目共睹。我们还可以从他的著作、言论、行动等多方面对他进行更深刻的了解。通过对中国社会的深入研究，安特生对中国文明有着自己的理解，他认为，中国文化的特质，是一种"挑战时间的力量"[3]。当世界上其他古老的文明都已逝去，唯独中国人在伟大的孤独中坚持了下来，正是中国人在精神上蕴藏了其他文明所不具备的力量。关于 1840 年以后近代中国所饱受的屈辱和落后，安特生抱以极大的同情："虽然欧洲的外交官理论上在为所谓正义而努力，但遗憾的是，那些'正义'的理念却由于鸦片贸易、亚罗号事件以及欧洲士兵在北京的野蛮行径而损毁了。"[4]对当代中国，安特生能够站在中国人的立场上体验和思考事情，对中国许多方面的进步都作出肯定。对于中国的未来，安特生更是认为不可估量，"也许有一天，开启世界新征程的重任又落在了东方人身上。"[5]并且认为，中国的未来，是中西方文明的融合。1937年，日本侵华战争全面爆发，安特生准备继续在中国研究的计划落空。1939 年，他出版了英文版《中国为世界而战》一书，不仅对中国抗战的正义性予以充分肯定，更是较早地揭示了中国抗战的世界意义，特别强调了国际社会对华援助的必要性，也展示了他宽广的国际视野。而通过他对中国一些小人物的描写，更能体会到安特生对中国民众的共情。对于仰韶陶器的起源问题，随着材料的丰富、实验室技术的进步，以及安特生经过长期研究后的思索，认为文化可以在两地自己

[1] 〔瑞典〕安特生著，袁复礼译：《中华远古之文化》，《地质汇报》第五号第一册，1923 年，第 23 页。

[2] 〔瑞典〕安特生著，乐森玙译：《甘肃考古记》，文物出版社，2011 年，第 21 页。

[3] 〔瑞典〕安特生著，李雪涛、孟晖等译：《龙与洋鬼子》，上海人民出版社，2022 年，第 70 页。

[4] 〔瑞典〕安特生著，李雪涛、孟晖等译：《龙与洋鬼子》，上海人民出版社，2022 年，第 177 页。

[5] 〔瑞典〕安特生著，李雪涛、孟晖等译：《龙与洋鬼子》，上海人民出版社，2022 年，第 312 页。

发展，以目前有限的知识讨论有关问题还为时过早[1]。

　　南京博物院藏 333 件与安特生相关文物，因为脱离了其原始地层，其学术价值已大打折扣，但这又是在中国现代考古史上标志性人物和重要事件在国内的最大一批文物孑遗。所以，通过整理，最终决定把这批材料公之于众。也希望通过材料的发表，对安特生返还文物这一考古史上的悬案起到抛砖引玉之作用，说不定何时会柳暗花明。我们也期待更多与安特生相关的文物面世。

徐建清（南京博物院）

2024 年 3 月

---

[1]　〔瑞典〕扬·鲁姆嘉德著，万之译：《从极地到中国》，文物出版社，2021 年，第 198 页。

目 录

插图目录

彩版目录

远古之孑遗——南京博物院藏安特生考古资料

壹 器物概述

一 石器

南京博物院藏与安特生相关器物共 333 件，其中石器 305 件。根据藏品信息，305 件石器入藏时间是 1945 年，由当时的北平国立历史博物馆划拨。这批石器为安特生及其助手采集所得，均属新石器时代遗物。采集地点分别位于仰韶（今河南省渑池县仰韶村）、宣化（今河北省张家口市宣化区）、热河（原东北四省之一，今河北、内蒙古、辽宁的部分地区）、龙关（今河北省张家口市赤城县龙关镇），还有部分石器没有具体采集地点。关于采集地点的信息，有的比较具体，如仰韶；有的比较粗略，如宣化。报告中我们沿用原始的采集地点记录。因为这批石器是采集品，来源地点分散，所以，报告将按器型分类描述，器物名称基本采用原登记名称，描述之先后没有明确的时代早晚关系，仅以公布此批次文物每件个体的具体信息。

石器种类包括石斧、石锤、石锛、石凿、石刀等，共 305 件。

1. 石斧

175 件。

标本 0：191，石斧。黑色。上端及刃部皆有残损。上端窄、刃部略宽。器身圆浑。双面刃。采集自仰韶村。长 11、宽 5.4、厚 3.5 厘米（图一，1；彩版一）。

标本 0：193，石斧。灰黑色。刃部残损。上端窄、刃部略宽。器身扁平。双面刃。采集自仰韶村。长 8.4、宽 4、厚 1.5 厘米（图一，2；彩版二）。

标本 0：194，石斧。灰黑色。刃部残损。上下基本等宽。器身圆浑。双面刃。采集自仰韶村。长 9.7、宽 5、厚 3.3 厘米（图一，3；彩版三）。

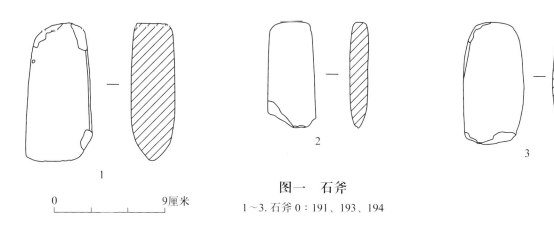

0   9厘米

图一 石斧

1~3. 石斧 0：191、193、194

彩版一　石斧 0：191

彩版二　石斧 0：193

彩版三　石斧 0：194

　　标本 0∶195，石斧。青灰色。上端及刃部皆有残损。上端窄、刃部宽。刃部呈圆弧形。器身扁圆。双面刃。采集自仰韶村。长 10.2、宽 5.8、厚 3.6 厘米（图二，1；彩版四）。

　　标本 0∶196，石斧。青灰色。上端及刃部皆有残损。上端窄、刃部略宽。器身圆浑。采集自仰韶村。长 11.2、宽 5.2、厚 3.9 厘米（图二，2；彩版五）。

　　标本 0∶197，石斧。灰色。上端窄、刃部宽。器身圆浑。双面刃。采集自仰韶村。长 12.4、宽 5.5、厚 3.6 厘米（图二，3；彩版六）。

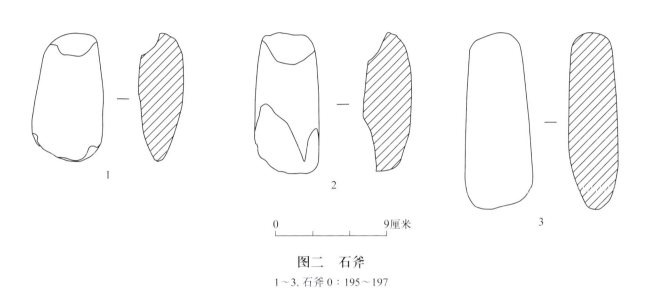

0　　　　　　9厘米

图二　石斧
1～3. 石斧 0∶195～197

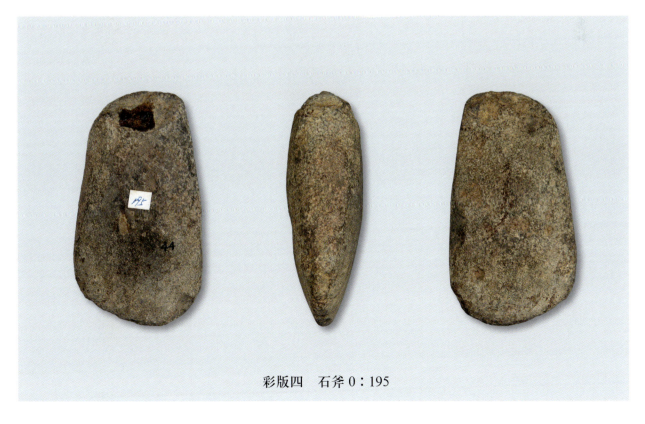

彩版四　石斧 0∶195

彩版五　石斧 0∶196

彩版六　石斧 0∶197

标本 0∶198，石斧。青灰色。上端一角及一侧残损。上端窄、刃部略宽。器身扁圆。双面刃。原始白纸标签上写有"仰韶"二字。采集自仰韶村。长 9、宽 4.1、厚 1.8 厘米（图三，1；彩版七）。

标本 0∶199，石斧。灰黑色。上端残损，刃部残缺。上端窄、刃部宽。器身圆浑。原始白纸标签上写有"渑池县仰韶村"。采集自仰韶村。残长 11.4、宽 4.9、厚 2.9 厘米（图三，2；彩版八）。

标本 0∶200，石斧。灰黑色。上端及刃部有残损。上下基本等宽。器身圆浑。双面刃。采集自仰韶村。长 10.3、宽 5.6、厚 3.5 厘米（图三，3；彩版九）。

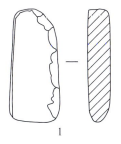 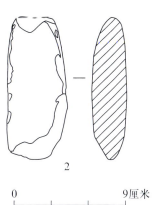 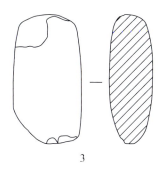

0　　　　　　　　9厘米

图三　石斧

1~3. 石斧 0：198~200

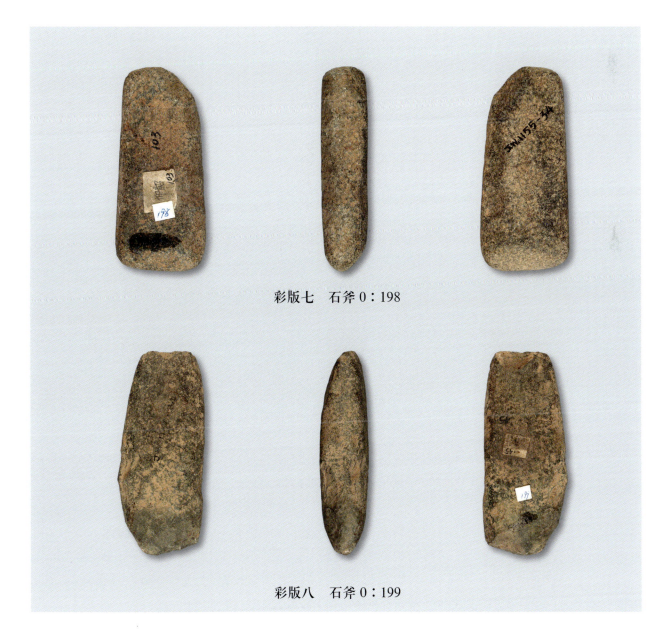

彩版七　石斧 0：198

彩版八　石斧 0：199

彩版九　石斧 0：200

标本 0：201，石斧。灰黑色。上端及刃部有残损。上端窄、刃部略宽。器身扁圆。双面刃。采集自仰韶村。长 10.9、宽 5.2、厚 3.6 厘米（图四，1；彩版一〇）。

标本 0：203，石斧。灰黑色。上端残损，比刃部略宽。器身扁圆。双面刃。原始白纸标签上写有"仰韶"二字。采集自仰韶村。长 11、宽 4.8、厚 3.5 厘米（图四，2；彩版一一）。

标本 0：204，石斧。青灰色。上端及刃部皆有残损。上端窄、刃部宽。器身圆浑。双面刃。采集自仰韶村。长 12、宽 5.4、厚 3.9 厘米（图四，3；彩版一二）。

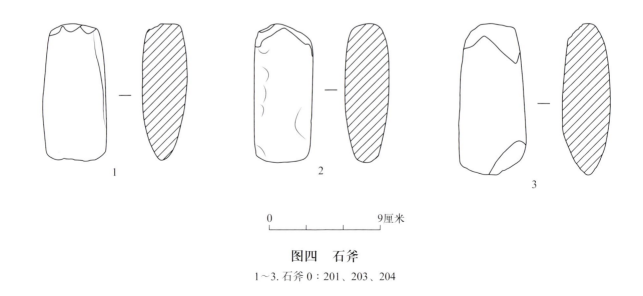

0　　　　　　　　9厘米

图四　石斧

1～3. 石斧 0：201、203、204

彩版一〇　石斧 0：201

彩版一一　石斧 0：203

彩版一二　石斧 0：204

标本 0：205，石斧。灰黑色。上端及刃部皆有残损。上端窄、刃部宽。器身扁圆。双面刃。原始白纸标签上写有"仰韶"二字。采集自仰韶村。长 12.2、宽 5.2、厚 4.4 厘米（图五，1；彩版一三）。

标本 0：206，石斧。青灰色。上端残损，刃部残缺。器身扁平。双面刃。采集自仰韶村。残长 13.4、宽 5.7、厚 4.5 厘米（图五，2；彩版一四）。

标本 0：207，石斧。黑色。上端及刃部皆有残损。上端窄、刃部宽。器身圆浑。双面刃。采集自仰韶村。长 14.1、宽 6.2、厚 4.1 厘米（图五，3；彩版一五）。

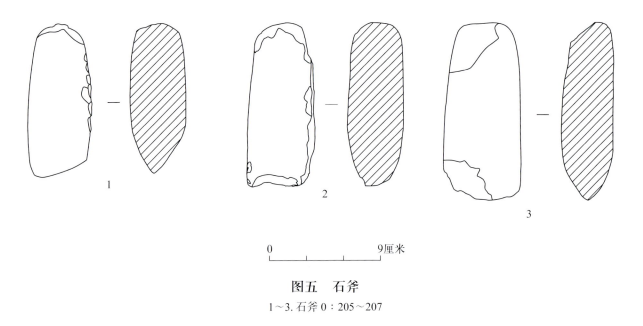

0　　　　　　　9厘米

图五　石斧

1～3. 石斧 0：205～207

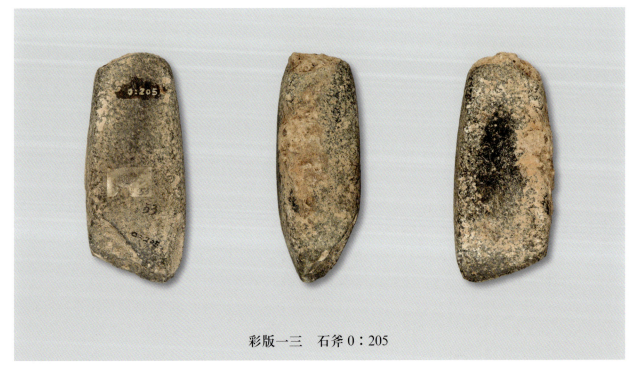

彩版一三　石斧 0：205

彩版一四　石斧 0：206

彩版一五　石斧 0：207

标本 0：208，石斧。青灰色。上端残缺，刃部残损。上下基本等宽。器身圆浑。双面刃。采集自仰韶村。残长 13、宽 6.3、厚 5.1 厘米（图六，1；彩版一六）。

标本 0：209，石斧。青灰色。刃部残缺，器身严重残损。原始白纸标签上写有"仰韶"二字。采集自仰韶村。残长 9.6、宽 4.6、厚 2.6 厘米（图六，2；彩版一七）。

标本 0：210，石斧。灰黑色。上端残缺，刃部有残损。上下基本等宽。刃部呈圆弧形。两侧与刃部略倾斜。器身两面及两侧皆磨平，呈扁平状。双面刃。采集自仰韶村。残长 7.2、宽 6.8、厚 3.9 厘米（图六，3；彩版一八）。

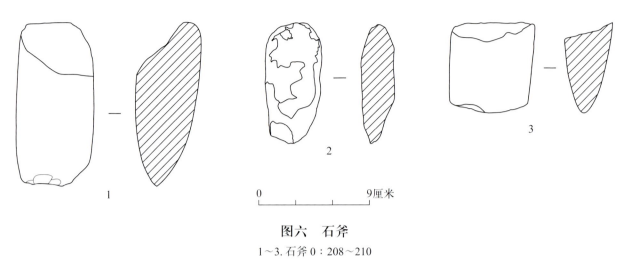

0　　　　　　　　　9厘米

图六　石斧

1～3. 石斧 0：208～210

彩版一六　石斧 0：208

彩版一七　石斧 0：209

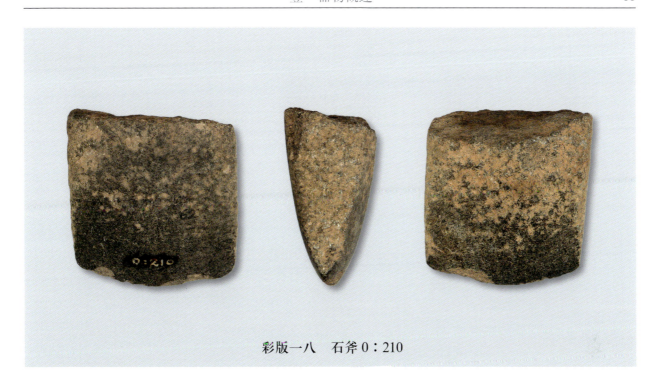

彩版一八 石斧0：210

标本0：211，石斧。灰黑色。上端残缺，刃部有残损。上下基本等宽。刃部圆弧形。器身扁圆。双面刃。原始白纸标签上写有"仰韶"二字。采集自仰韶村。残长8.9、宽6.3、厚4.3厘米（图七，1；彩版一九）。

标本0：212，石斧。灰黑色。上下两端皆残缺。器身扁圆。采集自仰韶村。残长12、宽8.7、厚4.6厘米（图七，2；彩版二〇）。

标本0：213，石斧。灰黑色。上端残缺，刃部有残损。上下基本等宽。刃部呈圆弧形。两侧与刃部略倾斜。器身两面及两侧皆磨平，呈扁平状。双面刃。采集自仰韶村。残长5.9、宽6.7、厚4.5厘米（图七，3；彩版二一）。

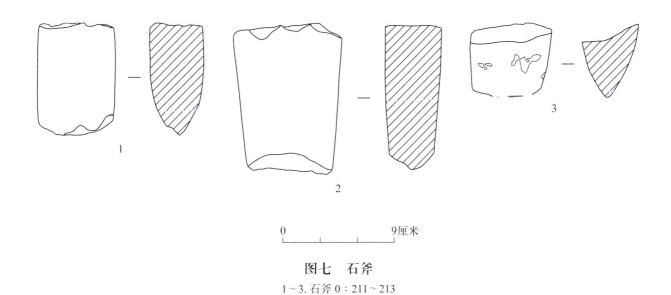

0　　　　　　　9厘米

图七 石斧

1～3. 石斧0：211～213

彩版一九　石斧 0：211

彩版二〇　石斧 0：212

彩版二一　石斧 0：213

标本 0：214，石斧。灰黑色。两端严重残缺。器身扁圆。原始白纸标签上写有"渑池县仰韶村"。采集自仰韶村。残长 11.8、宽 5.7、厚 3.7 厘米（图八，1；彩版二二）。

标本 0：215，石斧。灰色。刃部残缺。上端窄、刃部略宽。器身扁平。采集自仰韶村。残长 8.1、宽 6、厚 2.9 厘米（图八，2；彩版二三）。

标本 0：216，石斧。灰色。残损严重。原始白纸标签上写有"仰韶"二字。采集自仰韶村。残长 7.8、宽 6.4、厚 3 厘米（图八，3；彩版二四）。

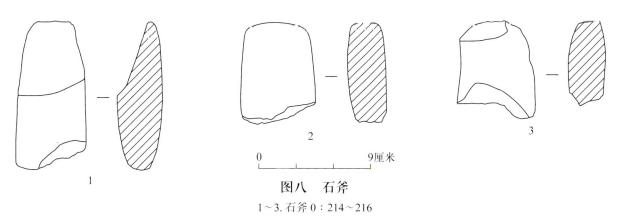

图八 石斧
1~3. 石斧 0：214~216

彩版二二 石斧 0：214

彩版二三 石斧 0：215

彩版二四　石斧 0：216

标本 0：217，石斧。青灰色。上端残缺，刃部磨损。上端宽、刃部略窄。器身两面及两侧磨平。呈扁平状。原始白纸标签上写有"仰韶"二字。采集自仰韶村。残长 5.3、宽 5、厚 2.9 厘米（图九，1；彩版二五）。

标本 0：218，石斧。灰黑色。上端残缺，刃部有残损。上下基本等宽。器身圆浑。双面刃。原始白纸标签上写有"仰韶"二字。采集自仰韶村。残长 6.6、宽 5.5、厚 4 厘米（图九，2；彩版二六）。

标本 0：219，石斧。灰色。残缺严重，仅剩刃部。双面刃。原始白纸标签上写有"仰韶"二字。采集自仰韶村。残长 4、宽 5.2、厚 3.4 厘米（图九，3；彩版二七）。

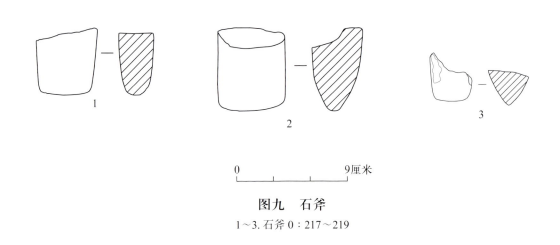

0　　　　　　　　9厘米

图九　石斧

1～3. 石斧 0：217～219

彩版二五　石斧 0：217

彩版二六　石斧 0：218

彩版二七　石斧 0：219

标本 0：220，石斧。黑色。残缺严重。器身扁平。原始白纸标签上写有"渑池县仰韶村"。采集自仰韶村。残长 6.2、残宽 5.2、厚 2.2 厘米（图一〇，1；彩版二八）。

标本 0：221，石斧。黑色。刃部残缺。器身略扁。原始白纸标签上写有"仰韶"二字。采集自仰韶村。残长 5.5、宽 5.1、厚 2 厘米（图一〇，2；彩版二九）。

标本 0：222，石斧。黑色。上端残损，刃部残缺。呈扁平状。原始白纸标签上写有"仰韶"二字。采集自仰韶村。残长 7.6、宽 5.4、厚 2.6 厘米（图一〇，3；彩版三〇）。

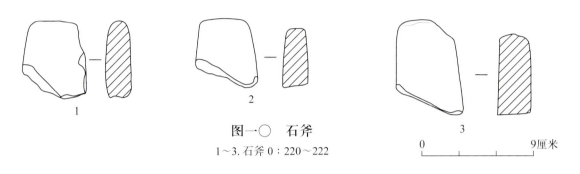

图一〇　石斧

1～3. 石斧 0：220～222

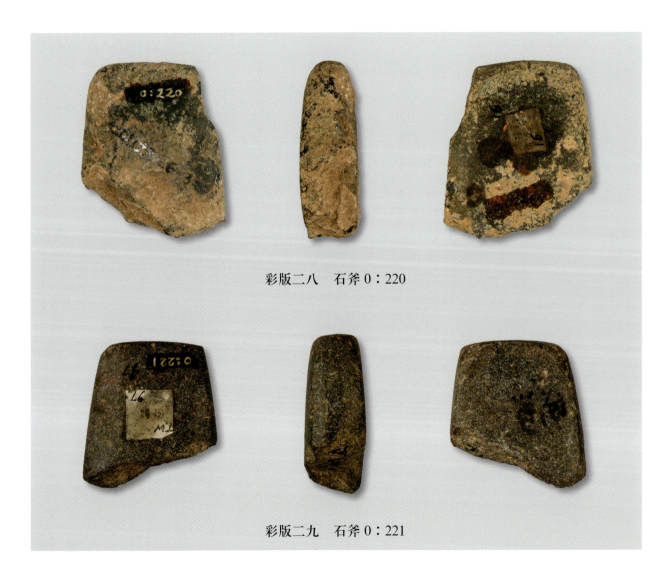

彩版二八　石斧 0：220

彩版二九　石斧 0：221

彩版三〇　石斧 0：222

标本 0：223，石斧。黑色。刃部残缺。上端窄、刃部略宽。呈扁长条状。原始白纸标签上写有"仰韶"二字。采集自仰韶村。残长 6.8、宽 4、厚 2.3 厘米（图　　，1；彩版三一）。

标本 0：224，石斧。黑色。上端残损，刃部残缺。器身两面及两侧磨制平整，呈扁长条状。原始白纸标签上写有"渑池县仰韶村"。采集自仰韶村。残长 6.5、宽 5、厚 2.8 厘米（图一一，2；彩版三二）。

标本 0：225，石斧。灰色。刃部残缺。呈扁平状。原始白纸标签上写有"仰韶"二字。采集自仰韶村。残长 5.8、宽 5.3、厚 1.9 厘米（图一一，3；彩版三三）。

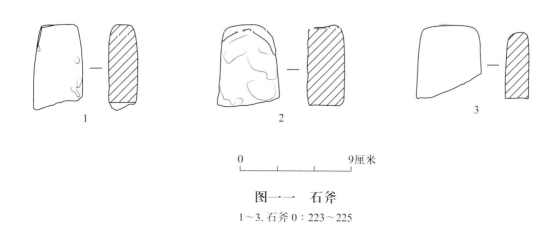

0　　　　　　　9厘米

图一一　石斧

1～3. 石斧 0：223～225

彩版三一　石斧 0：223

彩版三二　石斧 0：224

彩版三三　石斧 0：225

标本 0：226，石斧。灰色。上端残缺。双面刃。原始白纸标签上写有"仰韶"二字。采集自仰韶村。残长 6.3、宽 6.6、厚 3 厘米（图一二，1；彩版三四）。

标本 0：227，石斧。青灰色。上端残缺，刃部有残损。器身扁平。双面刃。原始白纸标签上写有"仰韶"二字。采集自仰韶村。残长 7.2、宽 5.6、厚 2.3 厘米（图一二，2；彩版三五）。

标本 0：228，石斧。青灰色。上端残缺，刃部有残损。双面刃。原始白纸标签上写有"仰韶"二字。采集自仰韶村。残长 5.7、宽 6.5、厚 2.7 厘米（图一二，3；彩版三六）。

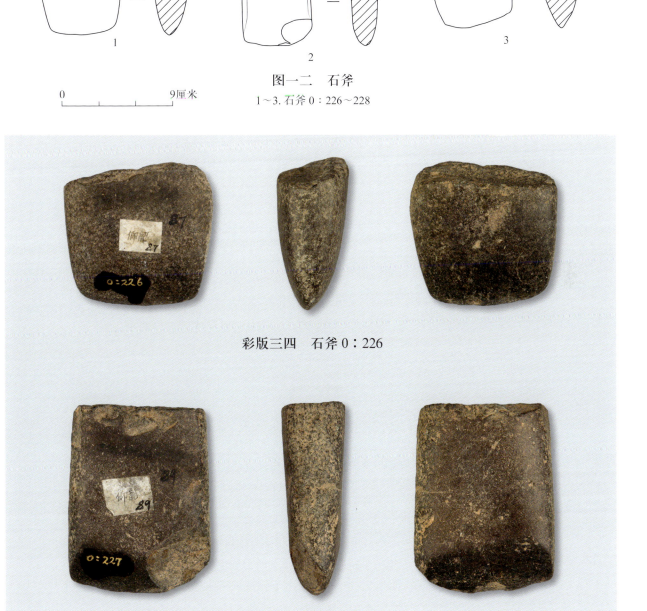

图一二　石斧

0 ⸺⸺⸺ 9厘米

1～3. 石斧 0：226～228

彩版三四　石斧 0：226

彩版三五　石斧 0：227

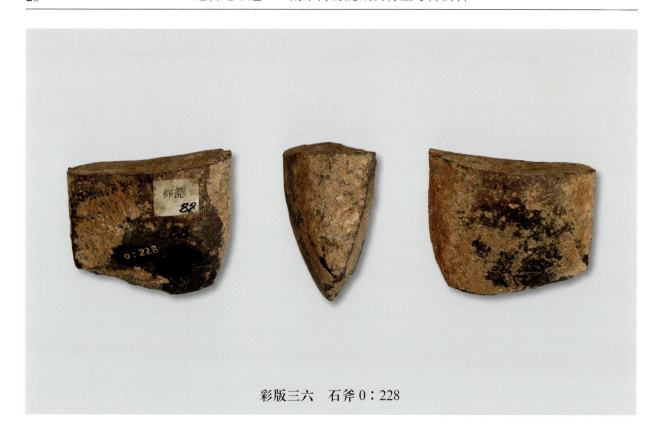

彩版三六　石斧 0 : 228

标本 0 : 229，石斧。灰黑色。刃部残缺。上端窄、刃部宽，呈长条状。原始白纸标签上写有"仰韶"二字。采集自仰韶村。残长 7.5、宽 4.8、厚 2.9 厘米（图一三，1；彩版三七）。

标本 0 : 230，石斧。黑色。上端残损，刃部残缺。上下基本等宽。器身扁平。原始白纸标签上写有"渑池县仰韶村"。采集自仰韶村。残长 8.8、宽 5.6、厚 3 厘米（图一三，2；彩版三八）。

标本 0 : 231，石斧。黄灰色。上端残缺，刃部有残损。器身扁圆。双面刃。采集自仰韶村。残长 5.8、宽 7.3、厚 3.4 厘米（图一三，3；彩版三九）。

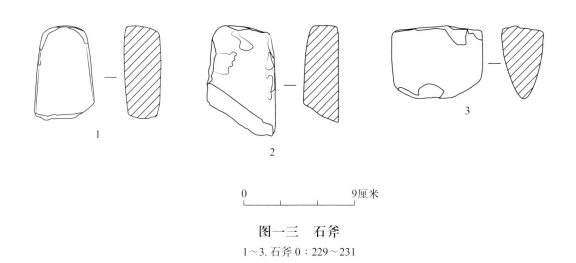

图一三　石斧

1～3. 石斧 0 : 229～231

彩版三七　石斧 0：229

彩版三八　石斧 0：230

彩版三九　石斧 0：231

　　标本 0：232，石斧。灰黑色。上端残缺。上下基本等宽。呈扁平状。双面刃。原始白纸标签上写有"仰韶"二字。采集自仰韶村。残长 6.6、宽 5.7、厚 4 厘米（图一四，1；彩版四〇）。

　　标本 0：233，石斧。灰黑色。上端残缺。上下基本等宽。双面刃。器身两面各贴有一张原始白纸标签，一张写有"渑池县仰韶村"，一张写有"仰韶"二字。采集自仰韶村。残长 4.4、宽 4、厚 2.7 厘米（图一四，2；彩版四一）。

　　标本 0：234，石斧。青灰色。上端残缺。呈扁平状。双面刃。原始白纸标签上写有"仰韶"二字。采集自仰韶村。残长 4.8、宽 6.4、厚 2 厘米（图一四，3；彩版四二）。

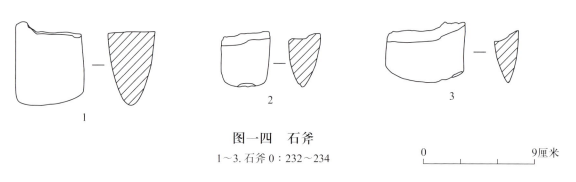

图一四　石斧

1～3. 石斧 0：232～234

0　　　　　　　9厘米

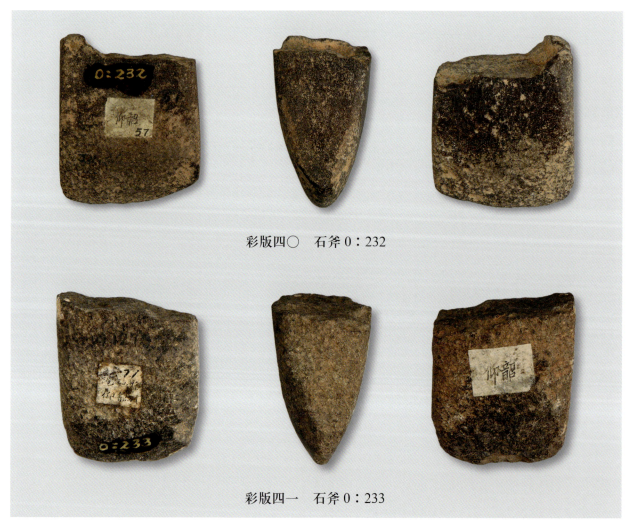

彩版四〇　石斧 0：232

彩版四一　石斧 0：233

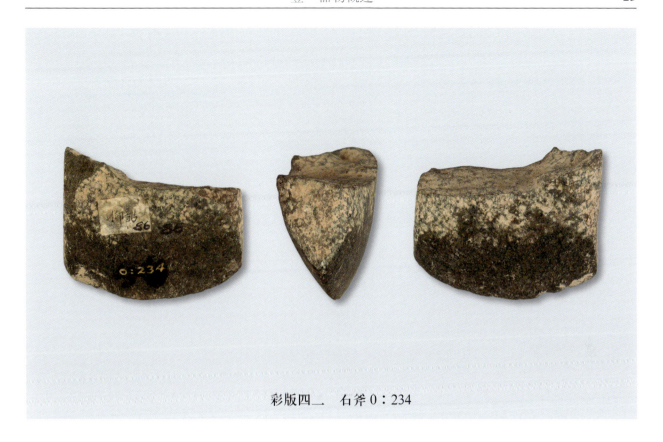

彩版四一　石斧 0：234

标本 0：235，石斧。青灰色。上端残缺。刃部平直。呈扁长条状。双面刃。采集自仰韶村。残长 6.5、宽 4.5、厚 2.2 厘米（图一五，1；彩版四三）。

标本 0：236，石斧。青灰色。上端残缺，刃部残损严重。器身扁平。双面刃。原始白纸标签上写有"仰韶"二字。采集自仰韶村。残长 8.2、宽 4.5、厚 2.5 厘米（图一五，2；彩版四四）。

标本 0：237，石斧。灰色。上端残缺，刃部有残损。器身扁平。双面刃。原始白纸标签上写有"仰韶"二字。采集自仰韶村。残长 7.9、宽 4.8、厚 2.1 厘米（图一五，3；彩版四五）。

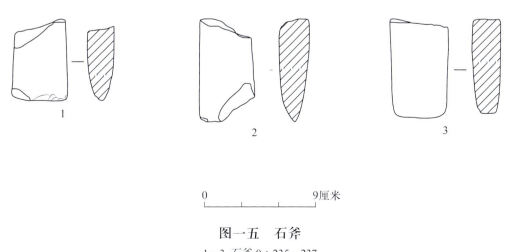

图一五　石斧

1～3. 石斧 0：235～237

彩版四三　石斧 0：235

彩版四四　石斧 0：236

彩版四五　石斧 0：237

标本 0：238，石斧。灰色。刃部残缺。上端略窄。器身两面及两侧基本磨平，呈扁平状。原始白纸标签上写有"仰韶"二字。采集自仰韶村。残长 6.9、宽 4.2、厚 1.8 厘米（图一六，1；彩版四六）。

标本 0：239，石斧。灰黑色。上端残缺，刃部有残损。上下基本等宽。器身扁平。双面刃。采集自仰韶村。残长 7.2、宽 6、厚 3.5 厘米（图一六，2；彩版四七）。

标本 0：240，石斧。青灰色。仅剩刃部，呈半月形。双面刃。原始白纸标签上写有"仰韶"二字。采集自仰韶村。残长 4.4、宽 7.5、厚 3.2 厘米（图一六，3；彩版四八）。

图一六　石斧

1~3. 石斧 0：238~240

0 　　　　　　 9厘米

彩版四六　石斧 0：238

彩版四七　石斧 0：239

彩版四八　石斧 0：240

标本 0：241，石斧。黑色。上端及刃部残缺。上下基本等宽。器身扁平。采集自仰韶村。残长 9.2、宽 4.4、厚 3.3 厘米（图一七，1；彩版四九）。

标本 0：255，石斧。黑色。刃部有残损。上端窄、刃部略宽。刃部呈圆弧形。器身圆浑。双面刃。原始白纸标签上写有"仰韶"二字。采集自仰韶村。长 10.1、宽 5.8、厚 2.9 厘米（图一七，2；彩版五○）。

标本 0：256，石斧。灰黑色。上端残缺，刃部有残损。上下基本等宽。器身圆浑。双面刃。采集自仰韶村。残长 9.6、宽 5.6、厚 3.6 厘米（图一七，3；彩版五一）。

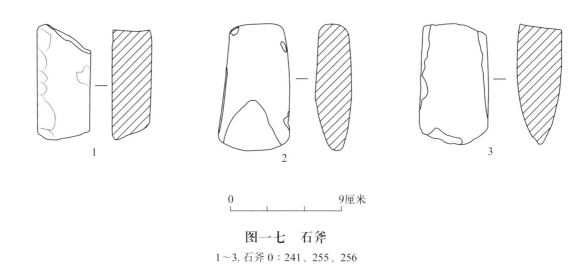

0　　　　　　　　　9厘米

图一七　石斧

1～3. 石斧 0：241、255、256

彩版四九　石斧 0：241

彩版五〇　石斧 0：255

彩版五一　石斧 0：256

　　标本 0：257，石斧。灰色。上端残缺。器身扁圆。双面刃。原始白纸标签上写有"仰韶"二字。采集自仰韶村。残长 13.3、宽 7.5、厚 4 厘米（图一八，1；彩版五二）。

　　标本 0：258，石斧。灰黑色。上端残缺。上下基本等宽。刃部呈弧形。器身圆浑。双面刃。原始白纸标签上写有"仰韶"二字。采集自仰韶村。残长 8.7、宽 5.1、厚 3.8 厘米（图一八，2；彩版五三）。

　　标本 0：259，石斧。灰黑色。上端一角残缺。呈扁长条状。双面刃。采集自仰韶村。长16.3、宽 5.9、厚 4.1 厘米（图一八，3；彩版五四）。

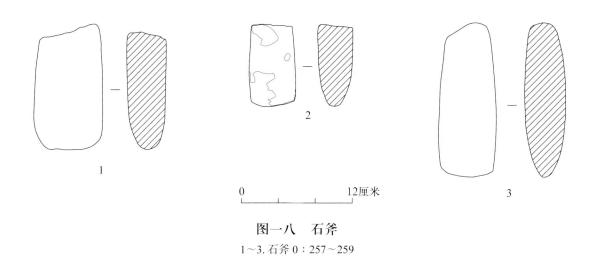

0 _____ 12厘米

图一八　石斧

1～3. 石斧 0：257～259

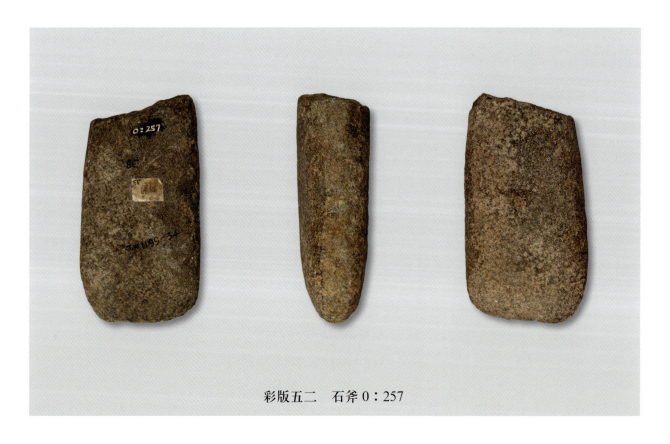

彩版五二　石斧 0：257

彩版五三　石斧 0：258

彩版五四　石斧 0：259

标本 0：260，石斧。灰黑色。上端残损。器身圆浑。双面刃。原始白纸标签上写有"直隶宣化县南九十里东城"。采集自河北宣化。长 10.2、宽 4.3、厚 3.2 厘米（图一九，1；彩版五五）。

标本 0：261，石斧。灰黑色。上端窄、刃部略宽。器身圆浑。双面刃。采集自河北宣化。长 11.6、宽 5.9、厚 3.5 厘米（图一九，2；彩版五六）。

标本 0：262，石斧。灰色。上端及刃部有使用形成的残损。上端窄、刃部较宽。器身圆浑。双面刃。采集自河北宣化。长 16.7、宽 7.9、厚 5.2 厘米（图一九，3；彩版五七）。

标本 0：264，石斧。灰色。刃部残损。上端窄、下端较宽，皆呈弧形。器身圆浑。双面刃。采集自河北宣化县（今宣化区）鸡鸣驿奶奶山。长 13.6、宽 5.7、厚 3.2 厘米（图一九，4；彩版五八）。

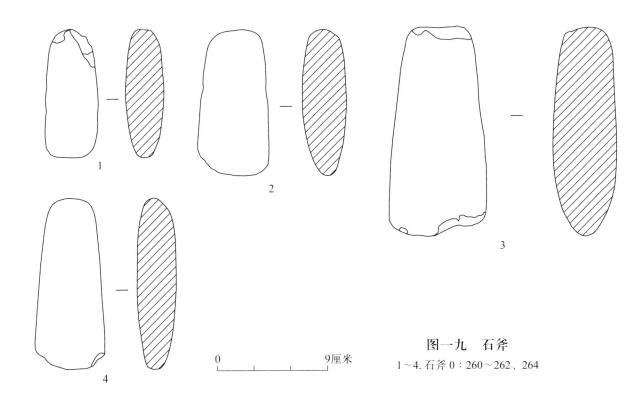

图一九　石斧

1~4. 石斧 0：260~262、264

0 —————————— 9厘米

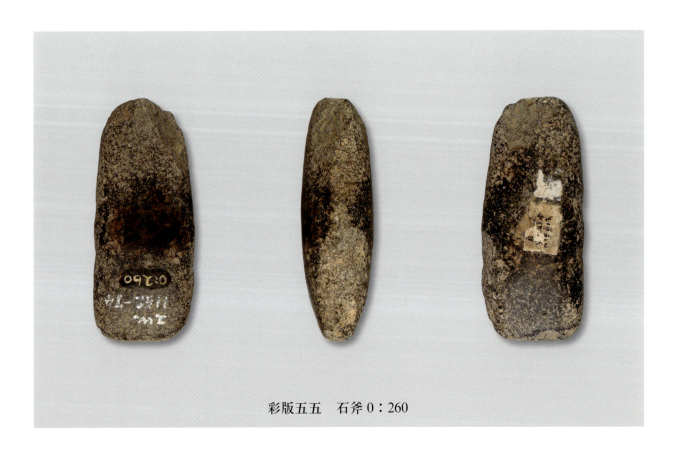

彩版五五　石斧 0：260

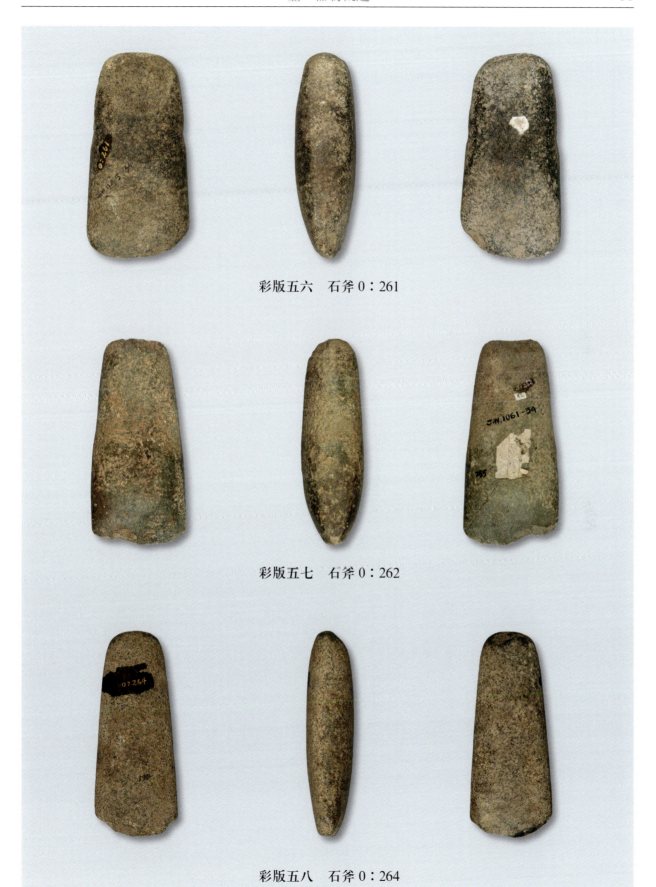

彩版五六　石斧 0：261

彩版五七　石斧 0：262

彩版五八　石斧 0：264

　　标本0：266，石斧。黑色。上端残缺。刃部呈弧形。器身圆浑。双面刃。原始白纸标签上写有"宣化"二字。采集自河北宣化县（今宣化区）罗家庄瓦子。残长12.7、宽5.7、厚4.2厘米（图二〇，1；彩版五九）。

　　标本0：267，石斧。青灰色。上端及刃部有残损。器身圆浑。双面刃。采集自河北宣化。长16、宽5.7、厚4.6厘米（图二〇，2；彩版六〇）。

　　标本0：269，石斧。灰黑色。上端残损，刃部残缺。器身扁圆。原始白纸标签上写有"宣化"二字。采集自河北宣化水泉庄黄莱梁。残长13.1、宽6.7、厚3.8厘米（图二〇，3；彩版六一）。

　　标本0：270，石斧。黑色。上端残损。上端窄、刃部略宽。刃部呈弧形。器身扁圆。双面刃。原始白纸标签上写有"宣化"二字。采集自河北宣化。长13.1、宽6、厚4厘米（图二〇，4；彩版六二）。

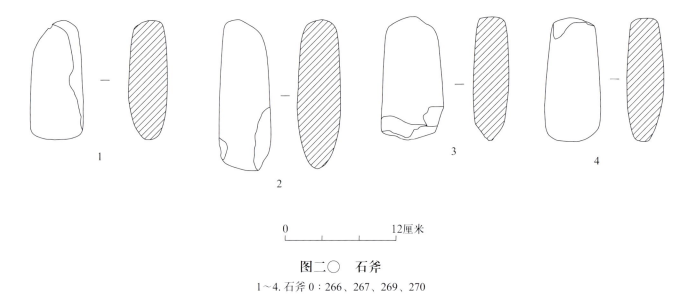

0　　　　　　　12厘米

图二〇　石斧

1~4. 石斧0：266、267、269、270

彩版五九　　石斧0：266

彩版六〇　石斧 0：267

彩版六一　石斧 0：269

彩版六二　石斧 0：270

　　标本 0∶271，石斧。灰色。上端及刃部有残损。上端窄、刃部较宽。器身扁圆。双面刃。采集自河北宣化青凤寺沟。长 11.6、宽 6、厚 3.5 厘米（图二一，1；彩版六三）。

　　标本 0∶272，石斧。灰褐色。上端及刃部有残损。上端呈弧形，刃部平直、略宽。器身扁圆。双面刃。采集自河北宣化。长 11.2、宽 5.7、厚 3.2 厘米（图二一，2；彩版六四）。

　　标本 0∶273，石斧。黑色。上端及刃部有残损。刃部略宽。器身圆浑。双面刃。采集自河北宣化南七十里青凤寺南四里火柴沟。长 11.1、宽 5.5、厚 3.9 厘米（图二一，3；彩版六五）。

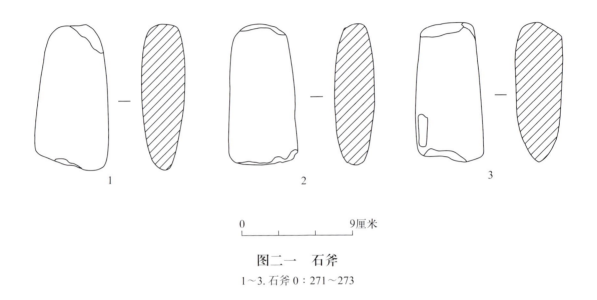

0 　　　　　　　 9厘米

图二一　石斧

1~3. 石斧 0∶271~273

彩版六三　石斧 0∶271

彩版六四　石斧 0：272

彩版六五　石斧 0：273

　　标本 0：274，石斧。黑色。上端残损。器身圆浑。双面刃。采集自河北宣化。长 8.9、宽 3.5、厚 2.6 厘米（图二二，1；彩版六六）。

　　标本 0：275，石斧。灰色。刃部有残损，呈弧形，比上端略宽。器身圆浑。双面刃。采集自河北宣化县（今宣化区）南海子沟。长 8.3、宽 4.1、厚 2.7 厘米（图二二，2；彩版六七）。

　　标本 0：276，石斧。黑色。刃部有残损，呈弧形，比上端略宽。器身扁圆。双面刃。原始白纸标签上写有"宣化"二字。采集自河北宣化。长 9.5、宽 4.5、厚 2.9 厘米（图二二，3；彩版六八）。

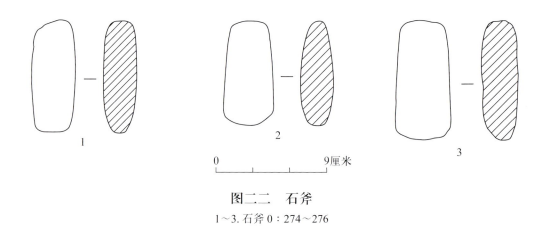

0　　　　　　　　9厘米

图二二　石斧

1~3. 石斧 0：274~276

彩版六六　石斧 0：274

彩版六七　石斧 0：275

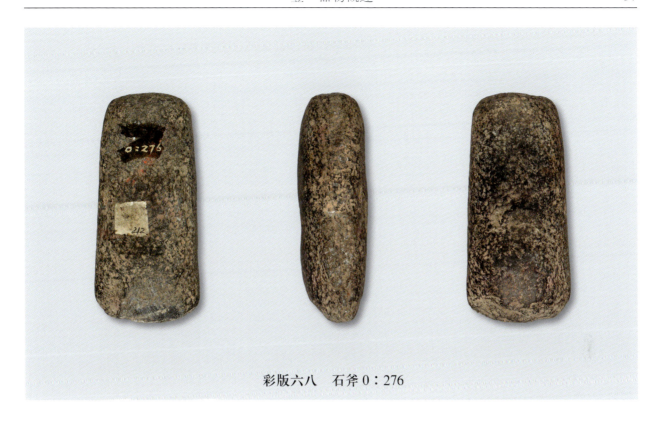

彩版六八　石斧 0：276

标本 0：277，石斧。青灰色。刃部有残损，较上端略宽，呈弧形。器身圆浑。双面刃。原始白纸标签上写有"宣化"二字。采集自河北宣化。长 10.1、宽 5.2、厚 3.6 厘米（图二三，1；彩版六九）。

标本 0：278，石斧。灰色。上端和刃部有残损。刃部比上端略宽。器身扁圆。双面刃。原始白纸标签上写有"宣化"二字。采集自河北宣化。长 10.8、宽 6.3、厚 3.8 厘米（图二三，2；彩版七〇）。

标本 0：279，石斧。灰黑色。上端残缺，刃部残损严重。器身扁圆。双面刃。采集自河北宣化县（今宣化区）南财庄。残长 11.1、宽 5.3、厚 3.2 厘米（图二三，3；彩版七一）。

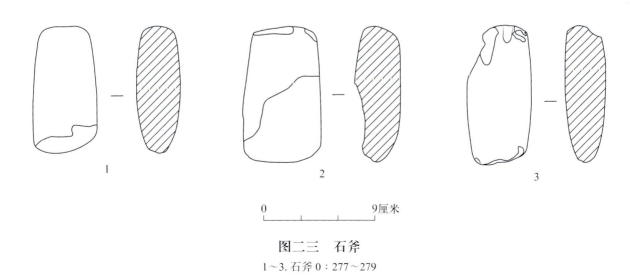

0　　　　　　　9厘米

图二三　石斧

1～3. 石斧 0：277～279

彩版六九　石斧 0：277

彩版七〇　石斧 0：278

彩版七一　石斧 0：279

　　标本 0∶280，石斧。灰色。上端及刃部一角有残损。上端窄、刃部宽。器身扁圆。双面刃。贴有原始白纸标签两张，一张写有"宣化"二字；一张写有"直隶宣化县南下坡底 30-10-20"。采集自河北宣化。长 11.5、宽 5.4、厚 3 厘米（图二四，1；彩版七二）。

　　标本 0∶281，石斧。灰色。上端及刃部有残损。器身扁平。双面刃。原始白纸标签上写有"直隶宣化县南李庄 1-10-20"。采集自河北宣化。长 11.3、宽 5.6、厚 3.5 厘米（图二四，2；彩版七三）。

　　标本 0∶282，石斧。灰色。上端及刃部有残损。刃部比上端略宽。器身扁平。双面刃。贴有原始白纸标签两张，一张写有"宣化"二字；一张写有"直隶宣化县南龙门 29-？-20"。采集自河北宣化。长 9.8、宽 4.8、厚 2.5 厘米（图二四，3；彩版七四）。

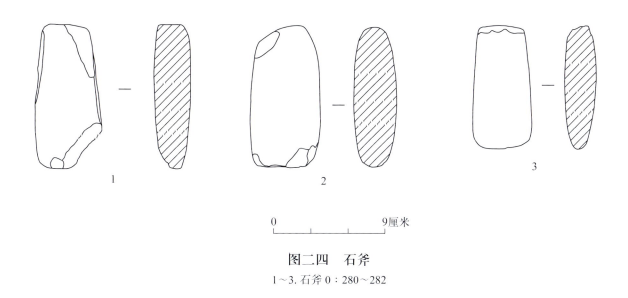

0　　　　　　　　9厘米

图二四　石斧

1～3. 石斧 0∶280～282

彩版七二　石斧 0∶280

彩版七三　石斧 0：281

彩版七四　石斧 0：282

　　标本 0：283，石斧。灰色。上下基本等宽。刃部呈弧形。器身扁圆。双面刃。采集自河北宣化县（今宣化区）南四十里谷裕口村北半里北河。长 10.7、宽 5.4、厚 3.3 厘米（图二五，1；彩版七五）。

　　标本 0：284，石斧。灰黑色。上端及刃部有残损。上端窄、刃部略宽。器身扁圆。双面刃。采集自河北宣化。长 10.4、宽 5.2、厚 3.1 厘米（图二五，2；彩版七六）。

　　标本 0：285，石斧。青灰色。上端及刃部有残损。略呈椭圆形。器身扁平。双面刃。原始白纸标签上写有"宣化"二字。采集自河北宣化。长 11.5、宽 5.3、厚 3.1 厘米（图二五，3；彩版七七）。

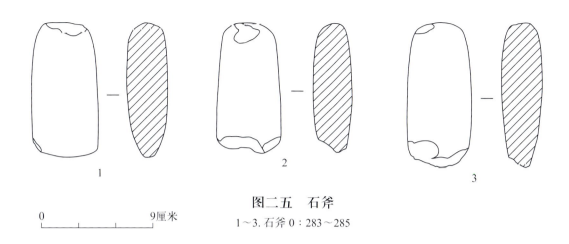

图二五　石斧

1～3. 石斧 0：283～285

0 　　　　　　　9厘米

彩版七五　石斧 0：283

彩版七六　石斧 0：284

彩版七七　石斧 0：285

　　标本 0：286，石斧。青灰色。上端及刃部有残损。上端窄、刃部宽。器身圆浑。双面刃。采集自河北宣化县（今宣化区）南李庄。长 11.2、宽 5.8、厚 3.9 厘米（图二六，1；彩版七八）。

　　标本 0：287，石斧。黑色。上端及刃部残损。上端窄、刃部宽。器身扁圆。双面刃。贴有原始白纸标签两张，一张写有"宣化"二字；一张已漫漶不清。采集自河北宣化南四十里寇家沟。长 10.3、宽 4.8、厚 3 厘米（图二六，2；彩版七九）。

　　标本 0：288，石斧。灰色。上端残缺，刃部有残损。上端窄、刃部宽。器身扁圆。双面刃。原始白纸标签上写有"宣化"二字。采集自河北宣化县（今宣化区）南七十里沈家庄西四里平地上。长 12、宽 5.2、厚 3 厘米（图二六，3；彩版八〇）。

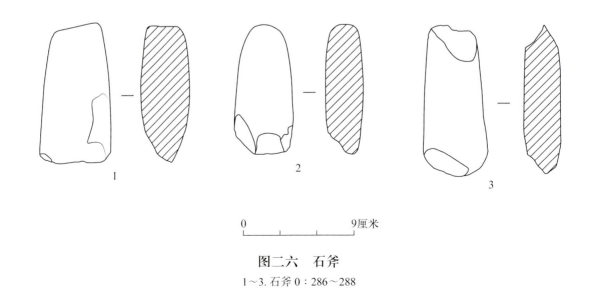

0　　　　　　　　9厘米

图二六　石斧

1～3. 石斧 0：286～288

彩版七八　石斧 0：286

彩版七九　石斧 0：287

彩版八〇　石斧 0：288

　　标本 0：289，石斧。灰色。上端残损，刃部残缺。上端窄、刃部宽。器身扁圆。双面刃。原始白纸标签上写有"宣化"二字。采集自河北宣化县（今宣化区）南五十三里蔡家庄南五里南大梁。残长 10.3、宽 4.7、厚 3 厘米（图二七，1；彩版八一）。

　　标本 0：290，石斧。黑色。一侧有残缺。器身扁圆。双面刃。原始白纸标签上写有"宣化"二字。采集自河北宣化县（今宣化区）南十五里青梁寺南六里白石河。长 12.4、宽 5.2、厚 3.5 厘米（图二七，2；彩版八二）。

　　标本 0：291，石斧。黑色。刃部残损。上端窄、刃部宽，皆呈弧形。器身扁平。双面刃。原始白纸标签上写有"宣化"二字。采集自河北宣化郭家山。长 10.9、宽 5.7、厚 3.1 厘米（图二七，3；彩版八三）。

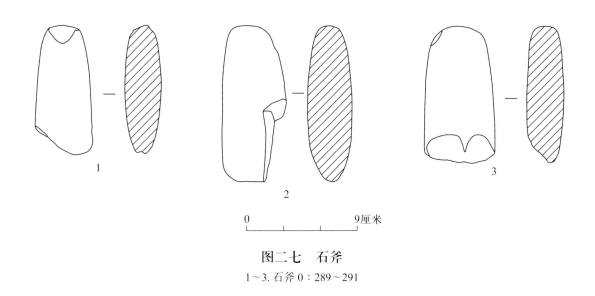

0　　　　　　9厘米

图二七　石斧

1～3. 石斧 0：289～291

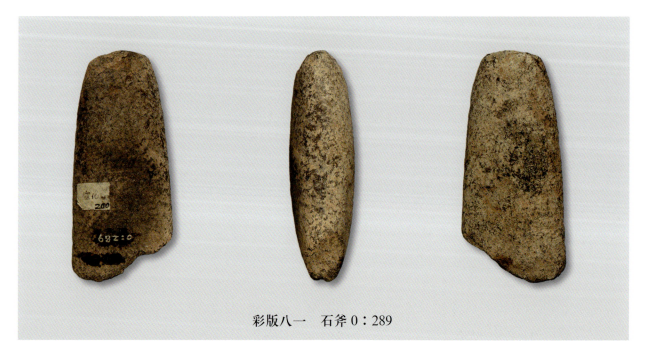

彩版八一　石斧 0：289

彩版八二　石斧 0：290

彩版八三　石斧 0：291

标本 0：292，石斧。灰褐色。上端残缺，刃部有残损。上端窄、刃部略宽。刃平直。器身扁圆。双面刃。贴有原始白纸标签两张，一张写有"宣化"二字；一张写有"直隶宣化县南财庄28-9-20"。采集自河北宣化。残长 10.1、宽 5.2、厚 2.7 厘米（图二八，1；彩版八四）。

标本 0：293，石斧。黑色。上端残缺。上下基本等宽。刃部呈弧形。器身扁圆。双面刃。采集自河北宣化县（今宣化区）东窑沟鹿耳地。残长 12.6、宽 6.8、厚 4.3 厘米（图二八，2；彩版八五）。

标本 0：294，石斧。灰色。刃部残缺。上端窄、刃部宽。器身扁圆。双面刃。采集自河北宣化青凤寺黄草坡。残长 10.5、宽 6.9、厚 3.6 厘米（图二八，3；彩版八六）。

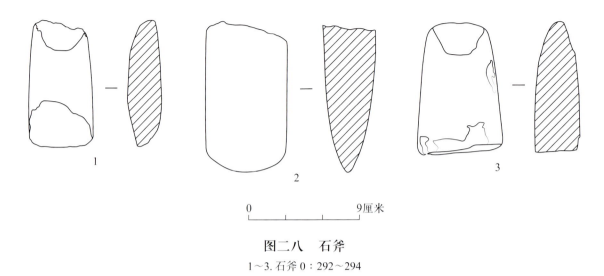

0　　　　　9厘米

图二八　石斧

1~3.石斧 0：292~294

彩版八四　石斧 0：292

彩版八五　石斧 0：293

彩版八六　石斧 0：294

　　标本 0：295，石斧。灰色。上端残缺，刃部有残损。上端窄、刃部略宽。刃部呈弧形。器身扁圆。双面刃。采集自河北宣化青风寺四方地。残长 10.1、宽 7.6、厚 3.9 厘米（图二九，1；彩版八七）。

　　标本 0：296，石斧。灰色。上端残损，刃部几近残缺。上端窄、刃部宽。器身扁圆。原始白纸标签上写有"直隶宣化县东二十里东深沟"。采集自河北宣化。残长 7.7、宽 4.5、厚 2.8 厘米（图二九，2；彩版八八）。

　　标本 0：297，石斧。灰色。上端残缺。刃部呈弧形。器身扁圆。双面刃。贴有原始白纸标签两张，一张写有"宣化"二字；一张写有中英文对照"直隶宣化县六家庄"。采集自河北宣化。残长 4.6、宽 5.1、厚 2.1 厘米（图二九，3；彩版八九）。

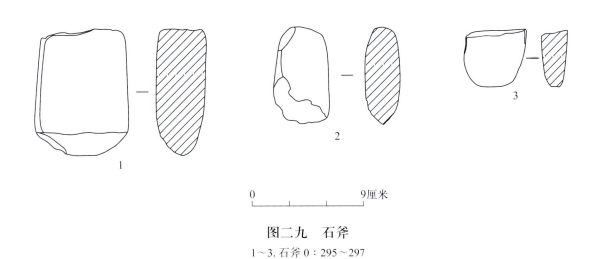

0　　　　　　　9厘米

图二九　石斧

1～3.石斧 0：295～297

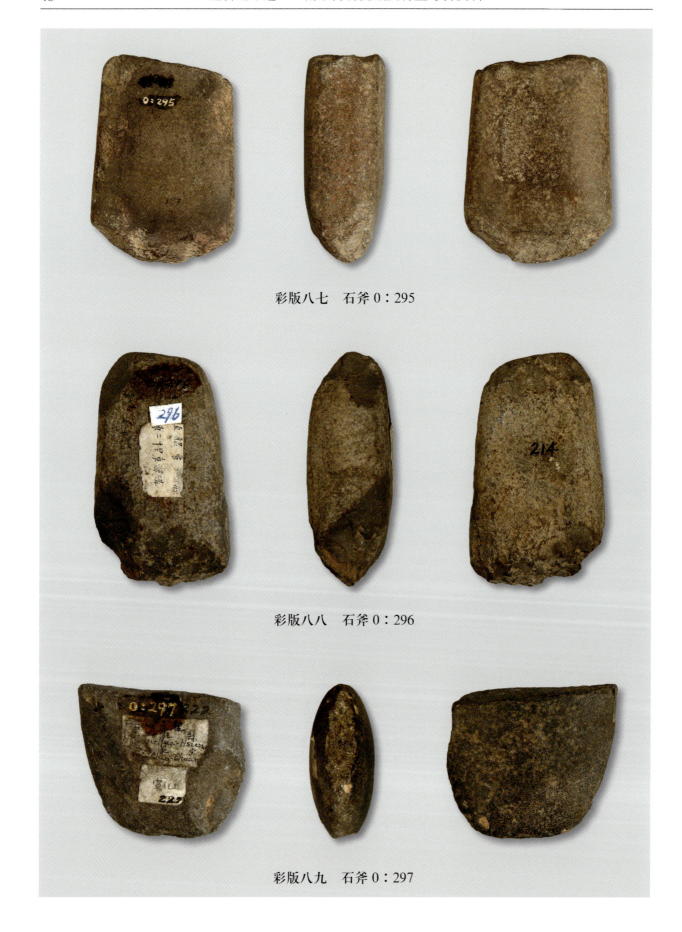

彩版八七　石斧 0∶295

彩版八八　石斧 0∶296

彩版八九　石斧 0∶297

标本 0：298，石斧。灰色。上端残缺。上下基本等宽。刃部呈弧形。器身扁圆。双面刃。原始白纸标签上写有"宣化"二字。采集自河北宣化县（今宣化区）南五十里靳家梁村东三里水泉山。残长 6.3、宽 7.1、厚 3.7 厘米（图三〇，1；彩版九〇）。

标本 0：299，石斧。灰色。上端和刃部有残损。一侧呈内弧，另一侧平直，刃部呈弧形。器身扁圆。双面刃。采集自河北宣化县（今宣化区）南十五里靳家梁寺南？里白石河。长 7.7、宽 4.8、厚 2.7 厘米（图三〇，2；彩版九一）。

标本 0：300，石斧。灰色。上端残缺，刃部有残损。上下基本等宽。器身扁圆。双面刃。贴有原始白纸标签两张，一张写有"宣化"二字；一张写有"直隶宣化县南？家梁 30-10-20"。采集自河北宣化。残长 9、宽 7.6、厚 4.1 厘米（图三〇，3；彩版九二）。

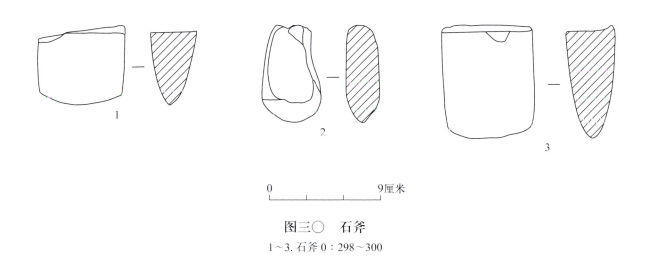

0   9厘米

图三〇 石斧
1～3. 石斧 0：298～300

彩版九〇 石斧 0：298

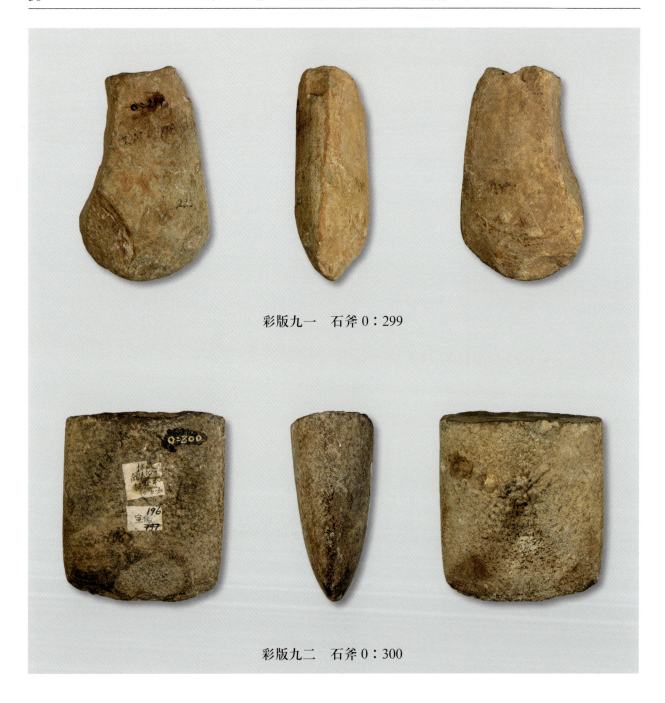

彩版九一　石斧 0：299

彩版九二　石斧 0：300

　　标本 0：301，石斧。灰色。上端残损，刃部残缺。器身扁圆。采集自河北宣化。残长 9.1、宽 6.8、厚 2.5 厘米（图三一，1；彩版九三）。

　　标本 0：302，石斧。灰黑色。刃部残缺。上端窄、刃部略宽。器身扁圆。贴有原始白纸标签两张，一张写有"宣化"二字；一张写有"直隶宣化县南财庄 28-9-1920"。采集自河北宣化。残长 8.2、宽 6.6、厚 2 厘米（图三一，2；彩版九四）。

　　标本 0：303，石斧。一面灰色，另一面红灰色。一端残缺，另一端残损。器身扁圆。原始白纸标签上写有"宣化"二字。采集自河北宣化县（今宣化区）南六十里董家梁村东二里老洞山。残长 5、宽 5、厚 2.9 厘米（图三一，3；彩版九五）。

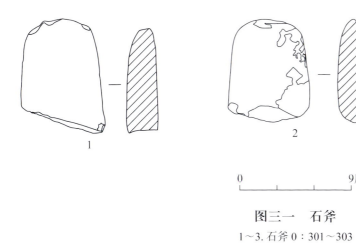

图三一　石斧
1～3. 石斧 0：301～303

彩版九三　石斧 0：301

彩版九四　石斧 0：302

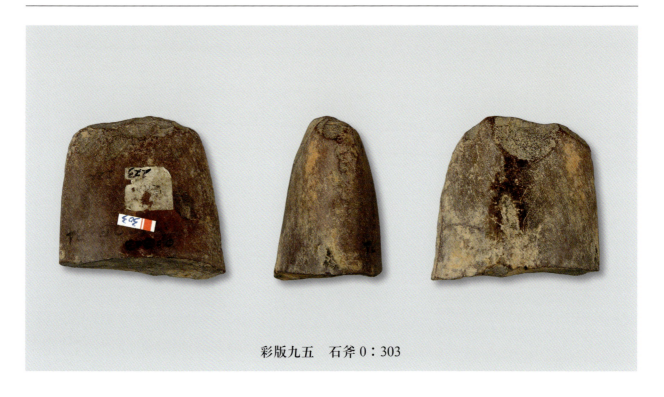

彩版九五　石斧 0：303

标本 0：304，石斧。青灰色。上端残缺，刃部有残损。上下基本等宽。器身窄长，呈扁圆。双面刃。原始白纸标签上写有中英文对照"直隶宣化县上坡底"。采集自河北宣化。残长 7.2、宽 3.7、厚 2.4 厘米（图三二，1；彩版九六）。

标本 0：305，石斧。青灰色。上端残缺，刃部有残损。刃部呈弧形。器身扁圆。双面刃。原始白纸标签上写有"宣化"二字。采集自河北宣化县（今宣化区）白庙堡东地上。残长 5、宽 6.8、厚 2.4 厘米（图三二，2；彩版九七）。

标本 0：306，石斧。灰黑色。上端残缺。刃部呈弧形。器身扁圆。双面刃。采集自河北宣化小营盘正北。残长 8.7、宽 7.3、厚 4 厘米（图三二，3；彩版九八）。

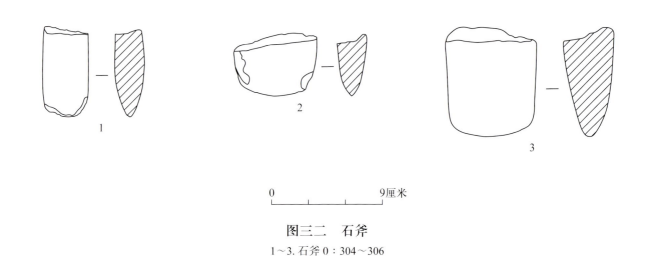

0　　　　　　　9厘米

图三二　石斧

1～3. 石斧 0：304～306

彩版九六　石斧 0：304

彩版九七　石斧 0：305

彩版九八　石斧 0：306

标本 0∶307，石斧。灰黑色。刃部残缺。上端窄、刃部宽。器身扁圆。贴有原始白纸标签两张，一张写有"直隶"二字；一张字迹已不清。采集自河北，具体地点不详。残长 9.5、宽 5.5、厚 2.9 厘米（图三三，1；彩版九九）。

标本 0∶308，石斧。灰色。刃部残缺。上下基本等宽。呈长条形。器身扁圆。双面刃。采集自河北宣化县（今宣化区），具体地点不详。残长 7.3、宽 3.4、厚 1.8 厘米（图三三，2；彩版一〇〇）。

标本 0∶309，石斧。浅灰色。上端残缺。上端宽、刃部窄。器身扁平。双面刃。采集自河北宣化县（今宣化区）南八十里塔山村西三里西山。残长 6.9、宽 3.7、厚 1.8 厘米（图三三，3；彩版一〇一）。

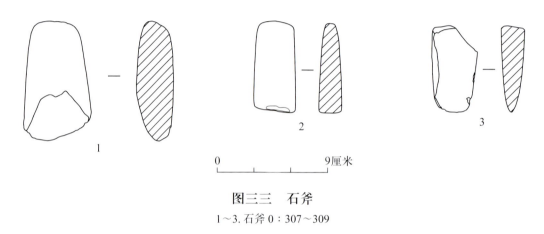

0 　　　　　　 9厘米

图三三　石斧

1～3. 石斧 0∶307～309

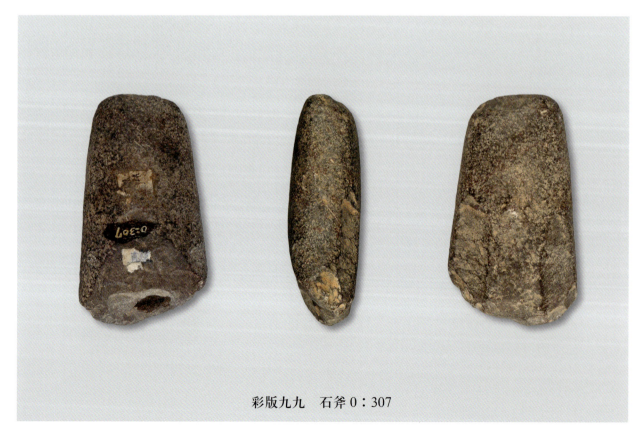

彩版九九　石斧 0∶307

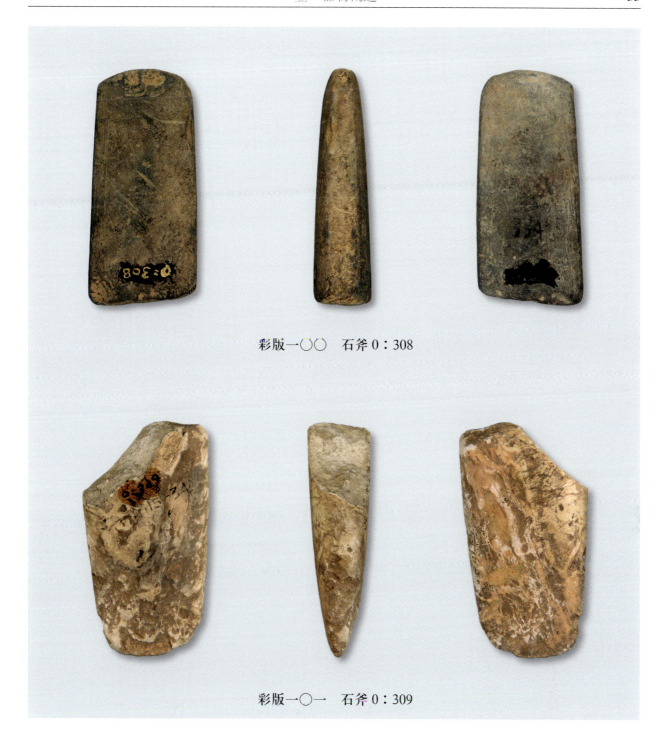

彩版一〇〇　石斧 0：308

彩版一〇一　石斧 0：309

标本 0：310，石斧。黑色。残损严重。器身扁圆。双面刃。贴有原始白纸标签两张，一张写有"宣化"二字；一张写有"宣化县南下坡底 30-9-20"。采集自河北宣化。残长 5.4、残宽 5.9、厚 2.3 厘米（图三四，1；彩版一〇二）。

标本 0：311，石斧。灰色。两端残缺。残器呈扁圆状。原始白纸标签上写有"宣化"二字。采集自河北宣化县（今宣化区）南六十里泉庄南六里头道渠。残长 7.9、宽 6.7、厚 1.9 厘米（图三四，2；彩版一〇三）。

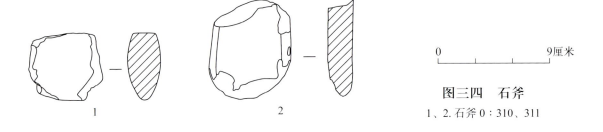

图三四　石斧

1、2. 石斧 0：310、311

彩版一〇二　石斧 0：310

彩版一〇三　石斧 0：311

　　标本 0：318，石斧。灰黑色。两端有残损。上下基本等宽。器身圆浑。双面刃。贴有原始白纸标签两张，一张写有"宣化"二字；一张写有"直隶宣化县南郭家山"。采集自河北宣化。长12.3、宽5.7、厚4.5厘米（图三五，1；彩版一〇四）。

　　标本 0：319，石斧。青灰色。上端窄、刃部宽，皆呈弧形。器身扁圆。双面刃。原始白纸标签上写有"……蔚……十八里董家山"。推测采集自河北蔚县。长11.6、宽5.4、厚3.5厘米（图三五，2；彩版一〇五）。

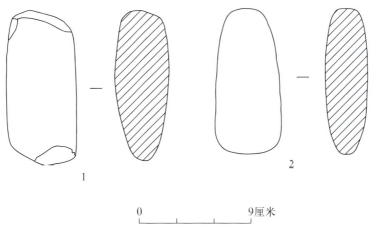

图三五　石斧

1、2. 石斧 0：318、319

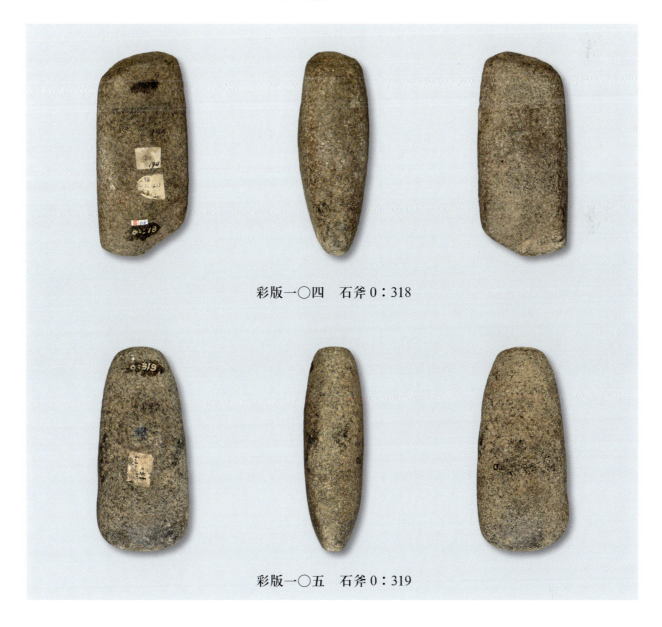

彩版一〇四　石斧 0：318

彩版一〇五　石斧 0：319

　　标本 0：325，石斧。黑色。刃部有使用形成的残损。刃部略宽。形体修长，器身圆浑。双面刃。原始白纸标签上写有"热河"二字。采集自热河。长 11.9、宽 4.1、厚 2.8 厘米（图三六，1；彩版一〇六）。

　　标本 0：326，石斧。灰黑色。一端残损。上端窄、刃部宽。器身圆浑。双面刃。原始白纸标签上写有"热河……县三道沙……"，标签局部磨损。采集自热河。长 15.1、宽 6.3、厚 4.1 厘米（图三六，2；彩版一〇七）。

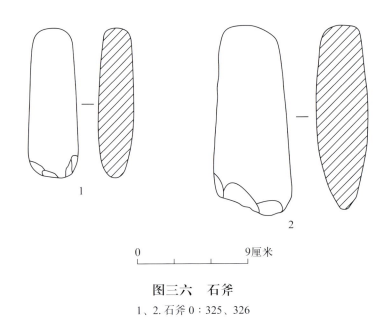

图三六　石斧

1、2. 石斧 0：325、326

彩版一〇六　石斧 0：325

彩版一〇七　石斧 0∶326

　　标本 0∶327，石斧。灰色，局部附褐色沁。刃部有使用形成的残损。上端窄、刃部宽。器身圆浑。双面刃。采集自热河。长 12.3、宽 6.2、厚 3.9 厘米（图三七，1；彩版一〇八）。

　　标本 0∶328，石斧。灰黑色。刃部有使用形成的残损。上端窄、刃部宽。器身圆浑。双面刃。原始白纸标签上写有"热河"二字。采集自热河。长 13.8、宽 7.5、厚 5.1 厘米（图三七，2；彩版一〇九）。

　　标本 0∶329，石斧。黑色。两端残缺。采集自热河光裕堂南河湾。残长 9、宽 7.7、厚 2.8 厘米（图三七，3；彩版一一〇）。

　　标本 0∶330，石斧。黄灰色。两端皆有残损。器身圆浑。双面刃。采集自热河店站堡后沟。残长 9、宽 5.1、厚 3 厘米（图三七，4；彩版一一一）。

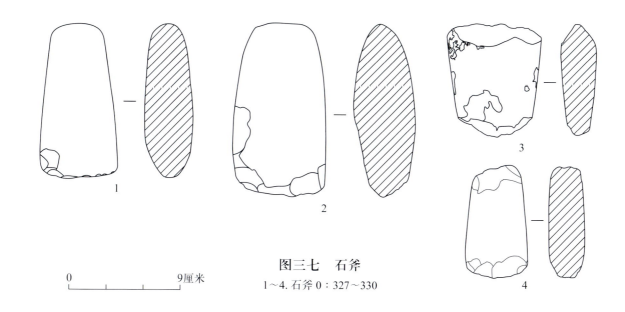

0　　　　　　9厘米

图三七　石斧

1～4. 石斧 0∶327～330

彩版一○八　石斧 0：327

彩版一○九　石斧 0：328

彩版一一○　石斧 0：329

彩版一一一　石斧 0：330

　　标本 0：331，石斧。灰色。上端及刃部残损。上端宽、刃部窄。器身扁平。双面刃。原始白纸标签上写有"热河"二字。采集自热河。长 8.6、宽 5.5、厚 2.4 厘米（图三八，1；彩版一一二）。

　　标本 0：332，石斧。青灰色。上端残缺，刃部残损。上端宽、刃部窄。器身圆浑，两侧磨平。双面刃。采集自热河。长 8.2、宽 5.6、厚 2.4 厘米（图三八，2；彩版一一三）。

　　标本 0：333，石斧。灰黑色。上端残缺。上、下基本等宽。器身圆浑，两侧磨平。双面刃。采集自热河。残长 9、宽 4.9、厚 4.1 厘米（图三八，3；彩版一一四）。

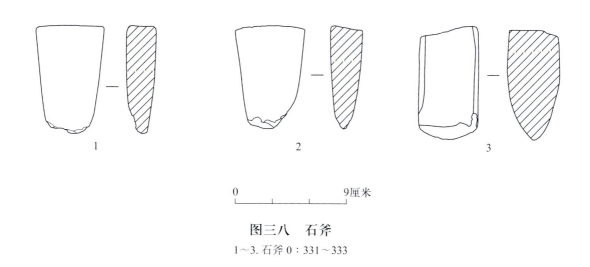

0　　　　　　　　9厘米

图三八　石斧

1～3. 石斧 0：331～333

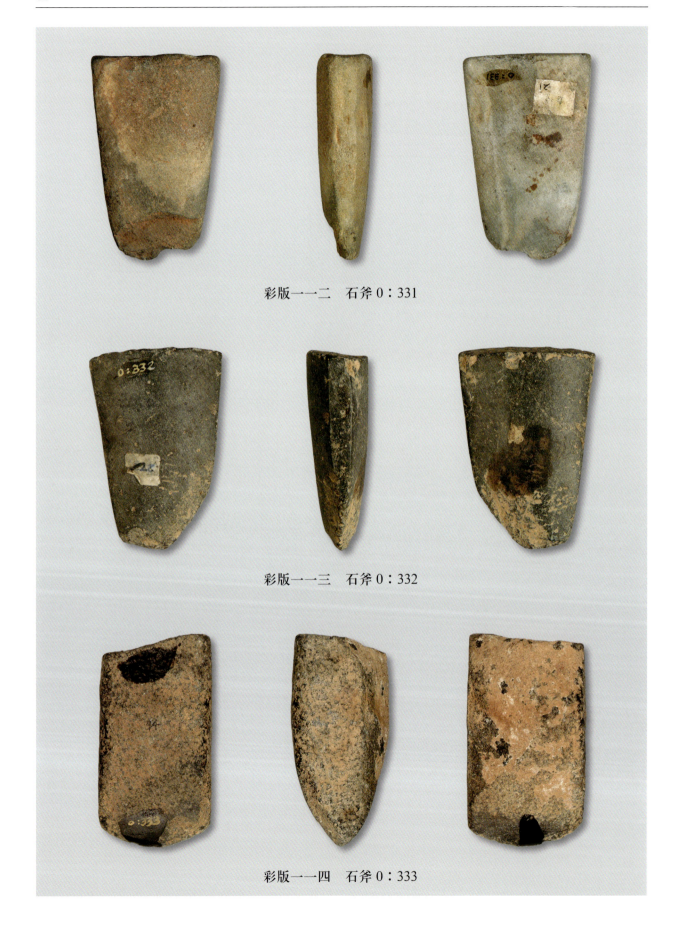

彩版一一二　石斧 0：331

彩版一一三　石斧 0：332

彩版一一四　石斧 0：333

　　标本 0：334，石斧。灰黑色。上端残缺，刃部一角残损。上端窄、刃部宽。器身扁圆。双面刃。原始白纸标签上写有"热河"二字。采集自热河。残长 9、宽 6.3、厚 3.4 厘米（图三九，1；彩版一一五）。

　　标本 0：335，石斧。青灰色。上端残缺，刃部一角残损。上、下基本等宽。器身圆浑。双面刃。采集自热河。残长 8.4、宽 5.8、厚 4.1 厘米（图三九，2；彩版一一六）。

　　标本 0：336，石斧。灰黑色。上端残缺。上端略宽、刃部窄。石斧两面及两侧磨制平整，呈扁方形。双面刃。采集自热河。残长 7.2、宽 5.7、厚 2.2 厘米（图三九，3；彩版一一七）。

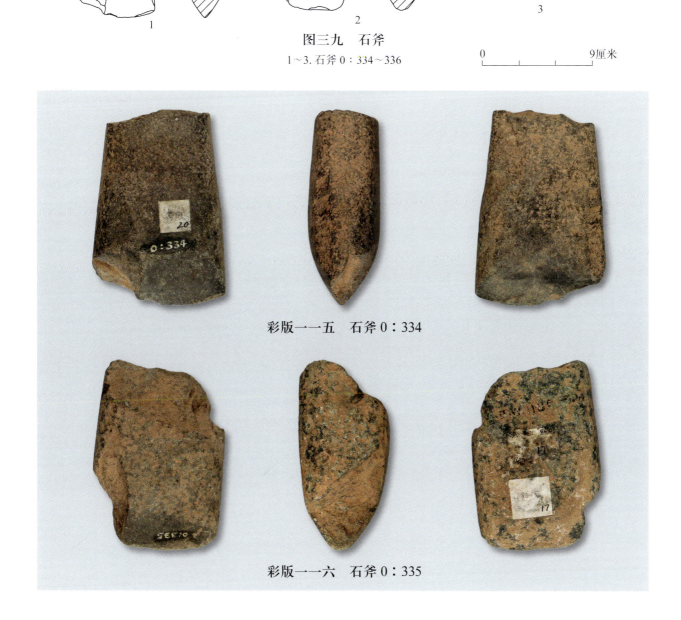

图三九　石斧

1~3. 石斧 0：334~336

0　　　　　　　　　9厘米

彩版一一五　石斧 0：334

彩版一一六　石斧 0：335

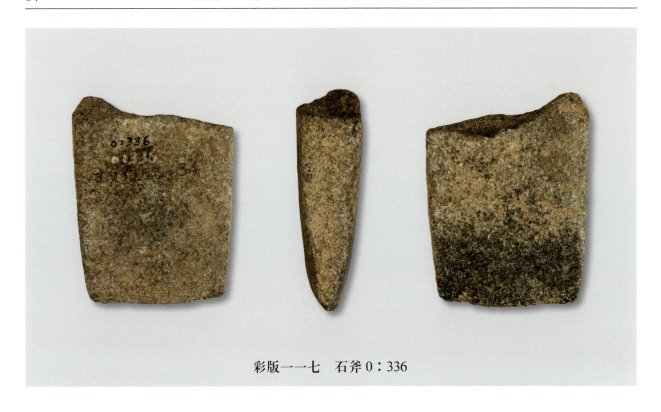

彩版一一七　石斧 0：336

　　标本 0：337，石斧。黑色。刃部有残损。上端窄、刃部宽。器身扁圆。双面刃。原始白纸标签残缺，写有"……关县……潘道村……老羊沟"。采集自河北龙关县东十五里潘道村东一里老羊沟。长 7.2、宽 4.5、厚 2 厘米（图四○，1；彩版一一八）。

　　标本 0：338，石斧。黑色。刃部及器身两面有残损。上端宽、刃部窄。两侧磨制平整，呈扁平状。双面刃。采集自热河李家营东沟来。长 6.6、宽 4.7、厚 1.3 厘米（图四○，2；彩版一一九）。

　　标本 0：339，石斧。灰黑色。上端残缺，刃部有使用形成的残损。上下基本等宽。器身扁平。双面刃。采集自热河光裕堂南河湾。残长 8.8、宽 7.5、厚 2.9 厘米（图四○，3；彩版一二○）。

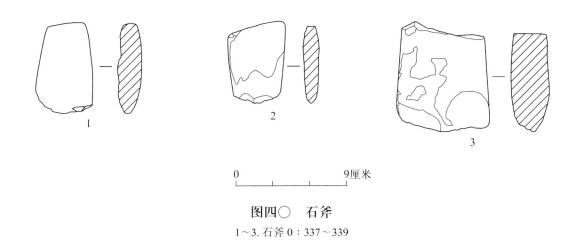

0　　　　　　　　9厘米

图四○　石斧

1～3. 石斧 0：337～339

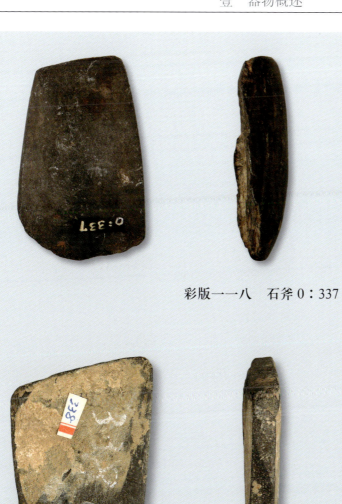

彩版一一八 石斧 0：337

彩版一一九 石斧 0：338

彩版一二〇 石斧 0：339

标本 0：340，石斧。黑色。三面残损。器身扁平。双面刃。采集自河北龙关。残长 6.1、宽 6.1、厚 1.5 厘米（图四一，1；彩版一二一）。

标本 0：341，石斧。黑色。上端和一侧残损。器身扁平。双面刃。原始白纸标签上写有"热河"二字。采集自热河。残长 5.9、宽 5、厚 1.9 厘米（图四一，2；彩版一二二）。

标本 0：342，石斧。黑色。仅剩靠近刃口部位一小截。器身圆浑。双面刃。原始白纸标签上写有"热河"二字。采集自热河。残长 4.3、宽 5.6、厚 4.8 厘米（图四一，3；彩版一二三）。

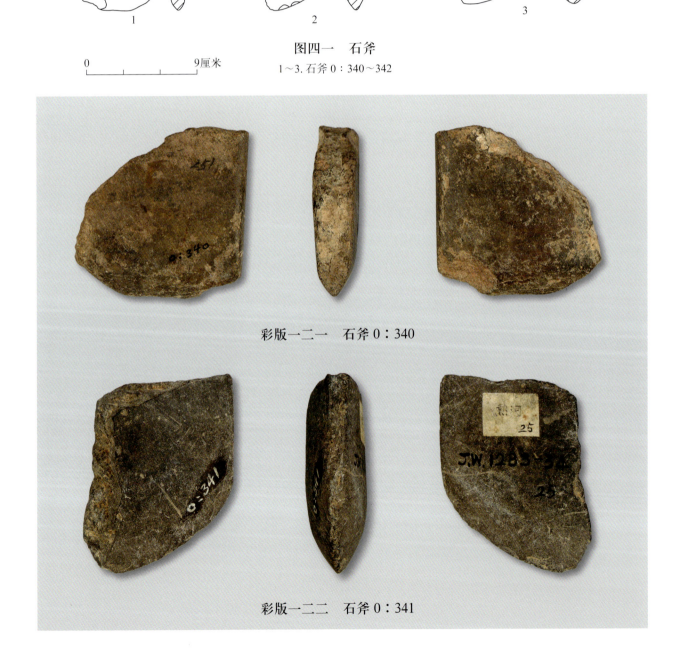

0　　　　　　9厘米

图四一　石斧
1~3. 石斧 0：340~342

彩版一二一　石斧 0：340

彩版一二二　石斧 0：341

彩版一二三　石斧 0：342

标本 0：355，石斧。灰黑色。上端残缺，刃部有使用形成的残损。上端窄、刃部略宽。器身圆浑。双面刃。原始白纸标签上写有"龙关"二字。采集自河北龙关。残长 10.1、宽 6、厚 3.7 厘米（图四二，1；彩版一二四）。

标本 0：356，石斧。灰色。上端残缺。上下基本等宽。器身圆浑。双面刃。采集自河北龙关。残长 11.7、宽 6.3、厚 4.5 厘米（图四二，2；彩版一二五）。

标本 0：357，石斧。灰黑色。上端残缺。上端略宽、刃部窄。器身圆浑。双面刃。采集自河北龙关。残长 9.9、宽 6.9、厚 4.6 厘米（图四二，3；彩版一二六）。

标本 0：358，石斧。灰黑色。刃部有使用形成的残损。上端窄、刃部宽。器身圆浑。双面刃。贴有原始白纸标签两张，一张写有"龙关"二字；一张写有中英文对照的"直隶龙关县大营盘"。采集自河北龙关。长 10.2、宽 5.5、厚 3.1 厘米（图四二，4；彩版一二七）。

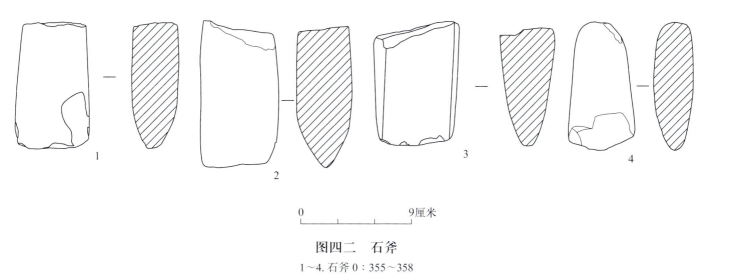

0 ———————— 9厘米

图四二　石斧
1～4. 石斧 0：355～358

彩版一二四　石斧 0：355

彩版一二五　石斧 0：356

彩版一二六　石斧 0：357

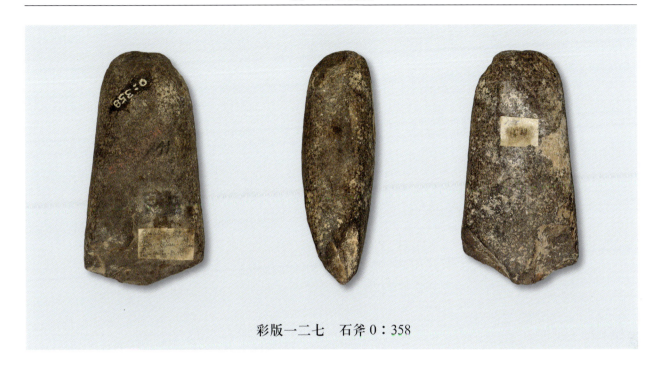

彩版一二七　石斧 0：358

标本 0：359，石斧。黑色。上端残缺。上下基本等宽。器身圆浑。双面刃。贴有原始白纸标签两张，一张写有"龙关"二字；一张写有"直隶龙关县西一百里小白杨北五里木石瓦"。采集自河北龙关。残长 8.8、宽 7.3、厚 5 厘米（图四三，1；彩版一二八）。

标本 0：360，石斧。灰黑色，表面附着暗红色沁。刃部一角残缺。上端窄、刃部略宽。器身圆浑。双面刃。采集自河北龙关。长 12.1、宽 5.5、厚 3.6 厘米（图四三，2；彩版一二九）。

标本 0：361，石斧。灰色。上端残缺。上下等宽。器身扁平。双面刃。原始白纸标签上写有"直隶龙关县西二十里水泉北四里白土沟"。采集自河北龙关。残长 6.5、宽 7.2、厚 2.6 厘米（图四三，3；彩版一三〇）。

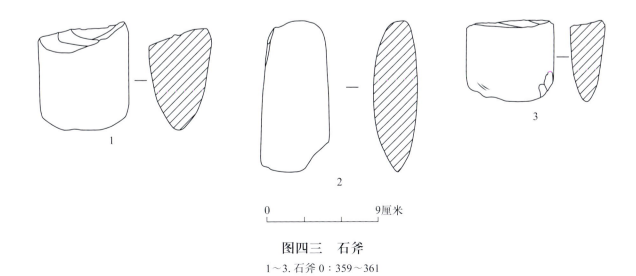

0 　　　　　　　　9厘米

图四三　石斧

1～3. 石斧 0：359～361

彩版一二八　石斧 0：359

彩版一二九　石斧 0：360

彩版一三〇　石斧 0：361

标本 0：362，石斧。灰色。两端皆有残损。上端略宽、刃部窄。器身扁平。双面刃。采集自河北龙关。长 7.7、宽 5、厚 2.8 厘米（图四四，1；彩版一三一）。

标本 0：363，石斧。灰黑色。上端残缺，刃部有使用形成的残损。上下等宽。器身扁平。双面刃。采集自河北龙关。残长 6、宽 5.6、厚 2.4 厘米（图四四，2；彩版一三二）。

标本 0：364，石斧。灰色。上端残缺，刃部缺损。器身扁平。双面刃。采集自河北龙关县西六十里十村堡北一里王家坟。残长 5.4、宽 5、厚 2.2 厘米（图四四，3；彩版一三三）。

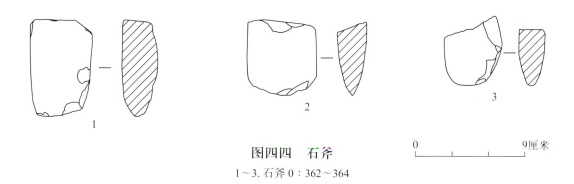

图四四　石斧

1～3. 石斧 0：362～364

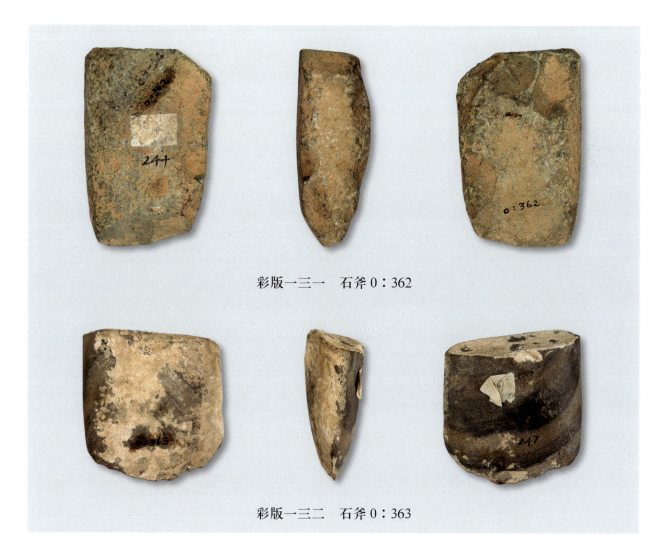

彩版一三一　石斧 0：362

彩版一三二　石斧 0：363

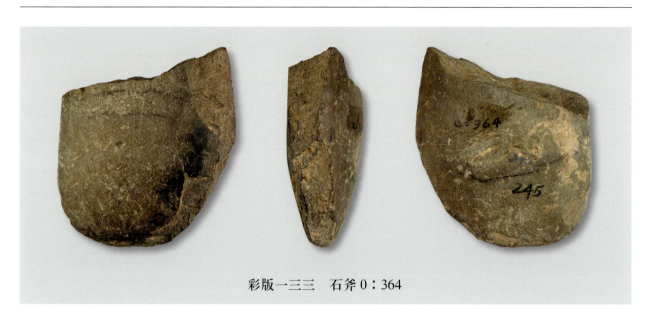

彩版一三三　石斧 0：364

　　标本 0：374，石斧。灰黑色。上端残缺。上端宽、刃部窄。器身扁平。双面刃。采集地点不详。残长 9.9、宽 7.4、厚 3.8 厘米（图四五，1；彩版一三四）。

　　标本 0：375，石斧。灰黑色。上端有残损。上下基本等宽。器身长条状，较圆浑。双面刃。采集地点不详。长 16.6、宽 6、厚 4.8 厘米（图四五，2；彩版一三五）。

　　标本 0：376，石斧。黑色。两端皆有残损。上端窄、刃部略宽。器身扁圆。双面刃。采集地点不详。长 15.1、宽 7.6、厚 3.8 厘米（图四五，3；彩版一三六）。

　　标本 0：377，石斧。灰色。刃部残缺。上下等宽。器身两侧磨平，呈长条状。双面刃。采集地点不详。长 17、宽 5.7、厚 3.8 厘米（图四五，4；彩版一三七）。

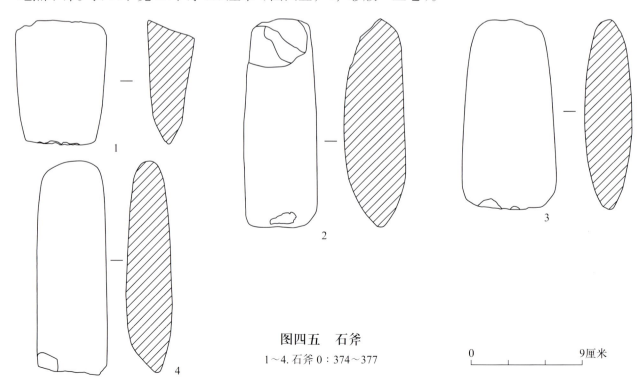

图四五　石斧

1～4. 石斧 0：374～377

0　　　　　　　　　9厘米

彩版一三四　石斧 0：374

彩版一三五　石斧 0：375

彩版一三六　石斧 0：376

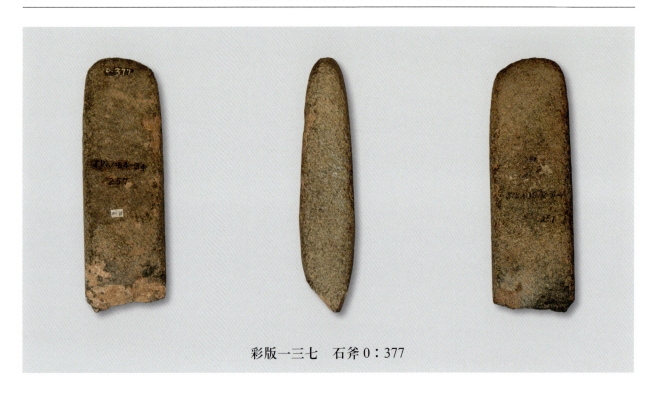

彩版一三七　石斧 0：377

标本 0：378，石斧。青灰色。上端窄、刃部宽。器身扁圆。双面刃。采集地点不详。长 19.7、宽 7.7、厚 4.2 厘米（图四六，1；彩版一三八）。

标本 0：379，石斧。灰黑色。刃部一角残缺。上下基本等宽。器身圆浑。双面刃。采集地点不详。长 16.9、宽 6.5、厚 4.8 厘米（图四六，2；彩版一三九）。

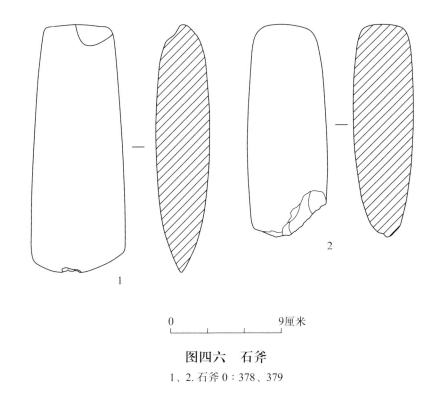

0　　　　　　　　9厘米

图四六　石斧

1、2. 石斧 0：378、379

彩版一三八 石斧 0：378

彩版一三九 石斧 0：379

标本 0：380，石斧。青灰色。刃部残损严重。上端窄、刃部宽。器身扁圆。双面刃。采集地点不详。长 12.9、宽 7.1、厚 4.2 厘米（图四七，1；彩版一四〇）。

标本 0：381，石斧。青灰色。刃部残损。上端窄、刃部宽。器身扁平。双面刃。采集地点不详。长 12.6、宽 6.1、厚 3.8 厘米（图四七，2；彩版一四一）。

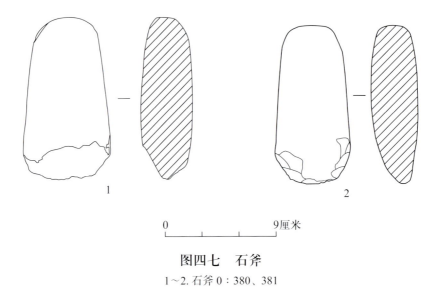

图四七　石斧

1～2.石斧 0：380、381

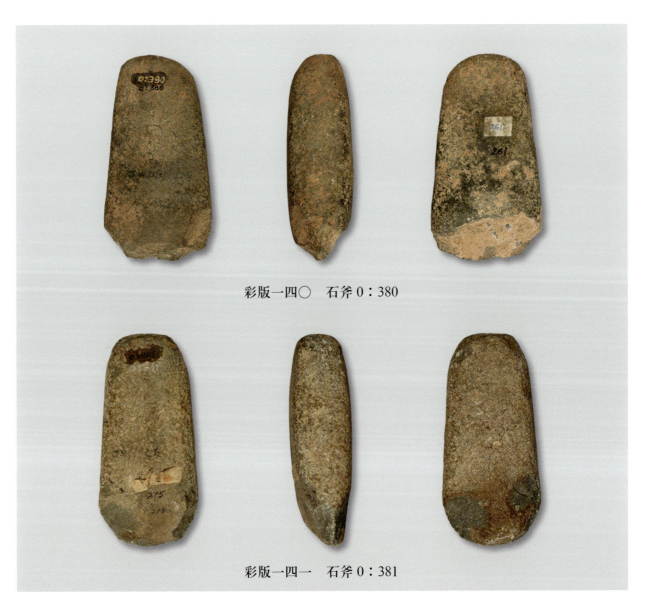

彩版一四〇　石斧 0：380

彩版一四一　石斧 0：381

　　标本 0：382，石斧。灰黑色。两端残缺。卜端窄、刃部宽。器身扁平。双面刃。采集地点不详。残长 12.2、宽 6、厚 3.1 厘米（图四八，1；彩版一四二）。

　　标本 0：383，石斧。灰黑色。上端残缺。上下基本等宽。器身扁圆。双面刃。采集地点不详。残长 9.8、宽 6.1、厚 3.2 厘米（图四八，2；彩版一四三）。

　　标本 0：384，石斧。黑色。刃部有使用形成的残损。上端窄、刃部宽。器身圆浑。双面刃。采集地点不详。长 10.4、宽 5.1、厚 3.5 厘米（图四八，3；彩版一四四）。

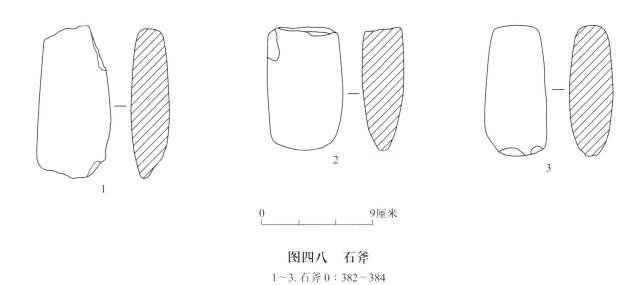

0　　　　　　　9厘米

图四八　石斧

1～3.石斧 0：382～384

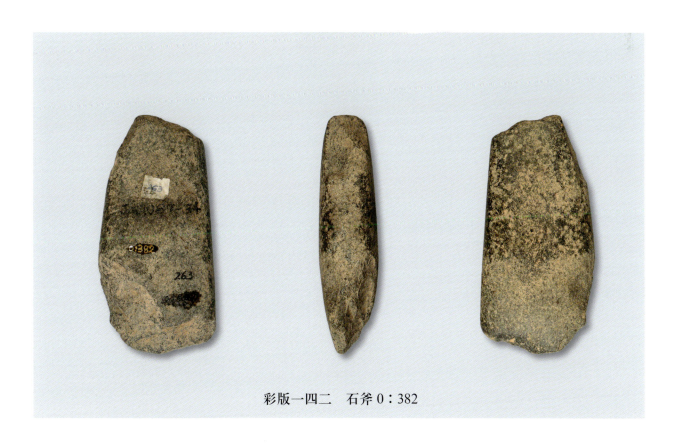

彩版一四二　石斧 0：382

彩版一四三　石斧 0：383

彩版一四四　石斧 0：384

　　标本 0：386，石斧。灰色。刃部有使用形成的残损。上下基本等宽。器身扁平。双面刃。采集地点不详。长 12.2、宽 5.8、厚 3.8 厘米（图四九，1；彩版一四五）。

　　标本 0：387，石斧。灰色。上端窄、刃部宽。器身扁圆。双面刃。采集地点不详。长 9.8、宽 5、厚 2.6 厘米（图四九，2；彩版一四六）。

　　标本 0：388，石斧。黑色。两端皆有残损。刃部略宽。器身扁圆。双面刃。采集地点不详。长 11.9、宽 5.8、厚 3 厘米（图四九，3；彩版一四七）。

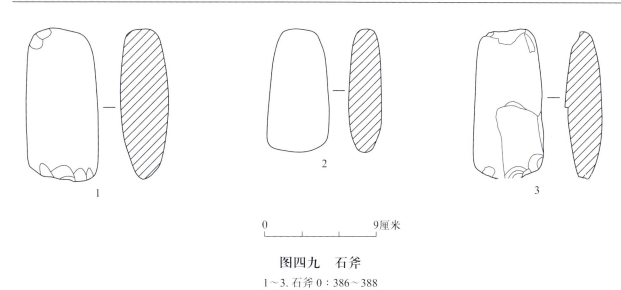

0　　　　　　　　　9厘米

图四九　石斧

1～3. 石斧 0：386～388

彩版一四五　石斧 0：386

彩版一四六　石斧 0：387

彩版一四七　石斧 0：388

标本 0：389，石斧。青灰色。刃部有使用形成的残损。上端窄、刃部宽。器身扁圆。双面刃。采集地点不详。长 11.1、宽 5.9、厚 3.5 厘米（图五〇，1；彩版一四八）。

标本 0：390，石斧。黑色。上端窄、刃部略宽。器身圆浑。双面刃。采集地点不详。长12.9、宽 6、厚 4.6 厘米（图五〇，2；彩版一四九）。

标本 0：391，石斧。黑色。上端窄、刃部略宽，中间微束。器身扁平。双面刃。采集地点不详。长 12.5、宽 6.8、厚 3.8 厘米（图五〇，3；彩版一五〇）。

标本 0：392，石斧。黑色。上端及刃部有残损。近上端处穿孔，孔对钻。上端窄、刃部略宽。器身修长。两面扁圆，两侧磨平。双面刃。采集地点不详。长 15.5、宽 5.2、厚 1.6 厘米（图五〇，4；彩版一五一）。

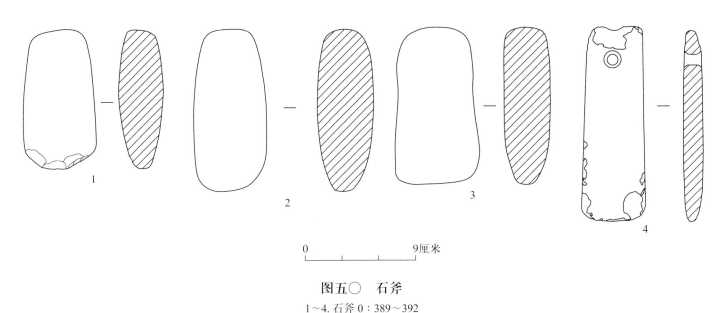

0　　　　　　　9厘米

图五〇　石斧

1~4.石斧 0：389~392

彩版一四八 石斧 0：389

彩版一四九 石斧 0：390

彩版一五〇 石斧 0：391

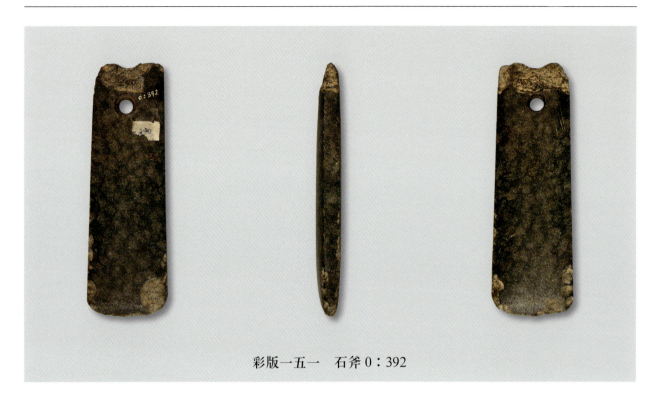

彩版一五一　　石斧 0∶392

标本 0∶393，石斧。灰色。上端残缺。上下基本等宽。器身扁圆。双面刃。采集地点不详。残长 9.9、宽 8、厚 3.6 厘米（图五一，1；彩版一五二）。

标本 0∶394，石斧。黑色。上端残缺。上下基本等宽。器身扁平。双面刃。采集地点不详。残长 8.6、宽 6、厚 4.4 厘米（图五一，2；彩版一五三）。

标本 0∶395，石斧。灰色。上端残缺。上端窄、刃部略宽。刃部呈圆弧形。两侧磨平。器身扁平。双面刃。采集地点不详。残长 9.8、宽 6.8、厚 4 厘米（图五一，3；彩版一五四）。

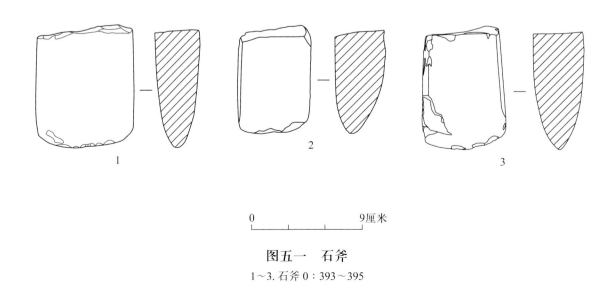

1　　　　　　　　　　2　　　　　　　　　　3

0　　　　　　　　9厘米

图五一　石斧
1～3. 石斧 0∶393～395

彩版一五二　石斧 0：393

彩版一五三　石斧 0：394

彩版一五四　石斧 0：395

　　标本 0：396，石斧。灰黑色。上端残缺，仅剩刃部。刃部较窄。双面刃。采集地点不详。残长 4.4、宽 5.1、厚 3.6 厘米（图五二，1；彩版一五五）。

　　标本 0：397，石斧。灰黑色。上端残缺。上下基本等宽。刃平直。单面刃。采集地点不详。残长 4.6、宽 4.9、厚 2.2 厘米（图五二，2；彩版一五六）。

　　标本 0：398，石斧。灰色。上端残缺。上下基本等宽。刃部呈圆弧形。器身圆浑。双面刃。采集地点不详。长 6、宽 4.3、厚 3 厘米（图五二，3；彩版一五七）。

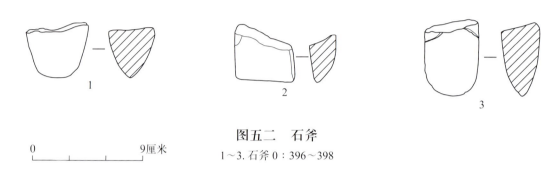

图五二　石斧
1～3. 石斧 0：396～398

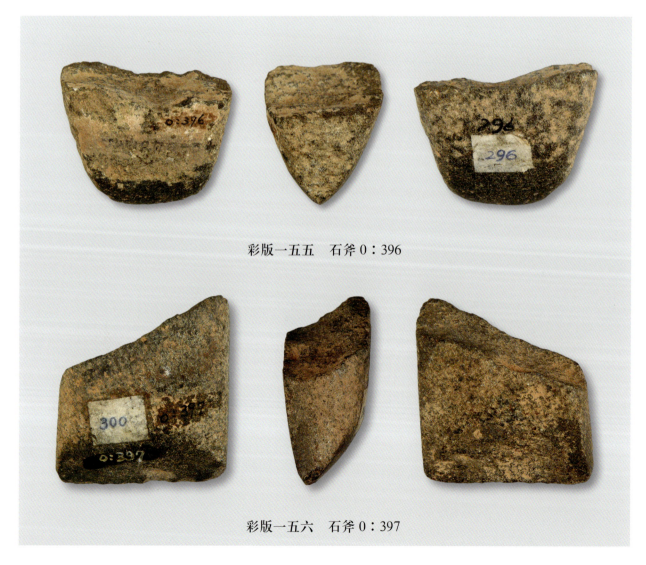

彩版一五五　石斧 0：396

彩版一五六　石斧 0：397

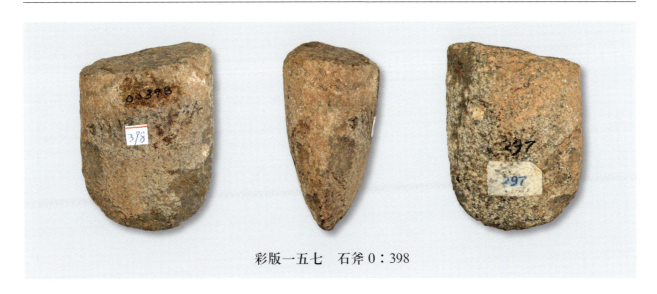

彩版一五七　石斧 0：398

标本 0：399，石斧。黑色。上端残缺。刃部窄，略呈圆弧形。双面刃。采集地点不详。残长 4.5、宽 5.6、厚 2.6 厘米（图五三，1；彩版一五八）。

标本 0：400，石斧。灰黑色。上端残缺。刃部近平直。器身圆浑。双面刃。采集地点不详。残长 7.4、宽 6.2、厚 3.6 厘米（图五三，2；彩版一五九）。

标本 0：401，石斧。灰色。上端残缺。刃部略窄，呈圆弧形。器身扁平。双面刃。采集地点不详。残长 6.3、宽 6.6、厚 3.3 厘米（图五三，3；彩版一六○）。

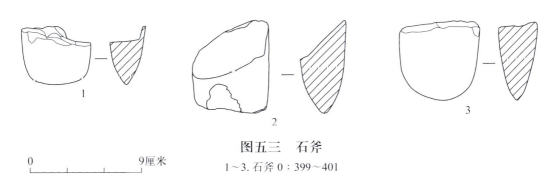

图五三　石斧
1~3. 石斧 0：399~401

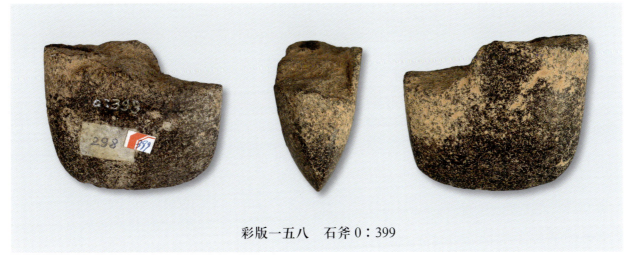

彩版一五八　石斧 0：399

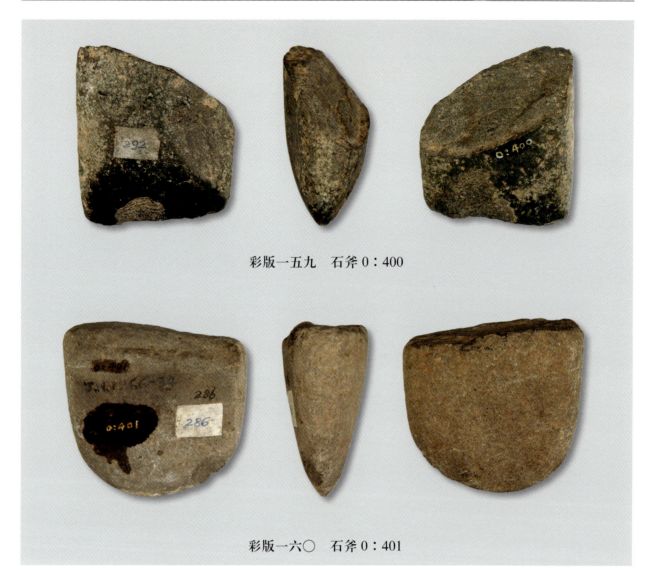

彩版一五九　石斧 0：400

彩版一六○　石斧 0：401

标本 0：402，石斧。黑色。上端残缺。刃部呈圆弧形。双面刃。采集地点不详。残长 3.8、宽 5.1、厚 2 厘米（图五四，1；彩版一六一）。

标本 0：403，石斧。灰黑色。上端残缺。上下基本等宽。刃部呈圆弧形。器身圆浑。双面刃。采集地点不详。残长 5.7、宽 4.1、厚 3 厘米（图五四，2；彩版一六二）。

标本 0：405，石斧。黑色。上端残缺，刃部有使用形成的残损。双面刃。采集地点不详。残长 4.6、宽 6.6、厚 4.1 厘米（图五四，3；彩版一六三）。

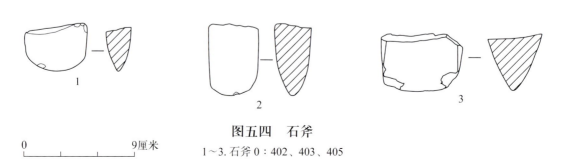

图五四　石斧

0 ⊢————————⊣ 9厘米

1～3. 石斧 0：402、403、405

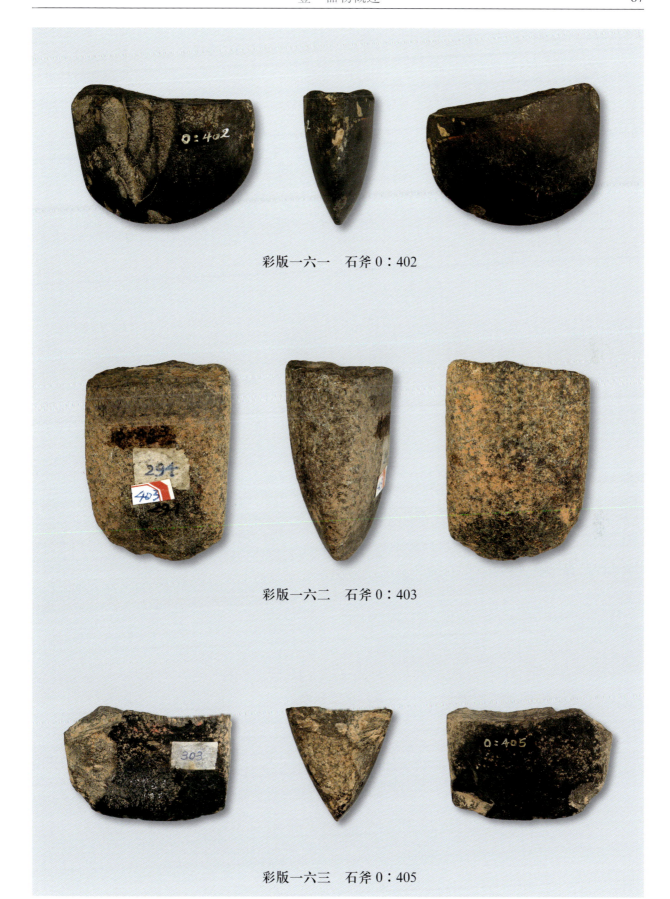

彩版一六一　　石斧 0∶402

彩版一六二　　石斧 0∶403

彩版一六三　　石斧 0∶405

　　标本 0：406，石斧。青灰色。上端残缺。上下基本等宽，两侧与刃部呈斜向。刃部呈圆弧形。器身扁圆。双面刃。采集地点不详。残长 6.2、宽 6、厚 3.2 厘米（图五五，1；彩版一六四）。

　　标本 0：407，石斧。青灰色。上端残缺，刃部有残损。上下基本等宽。刃部呈圆弧形。器身扁圆。双面刃。采集地点不详。残长 4.4、宽 5.5、厚 2.9 厘米（图五五，2；彩版一六五）。

　　标本 0：408，石斧。黑色。上端残缺。上端比刃部略宽。器身扁平。双面刃。采集地点不详。残长 6、宽 6.3、厚 3.8 厘米（图五五，3；彩版一六六）。

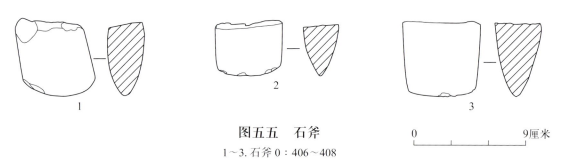

图五五　石斧

1～3. 石斧 0：406～408

0　　　　　　　　　9厘米

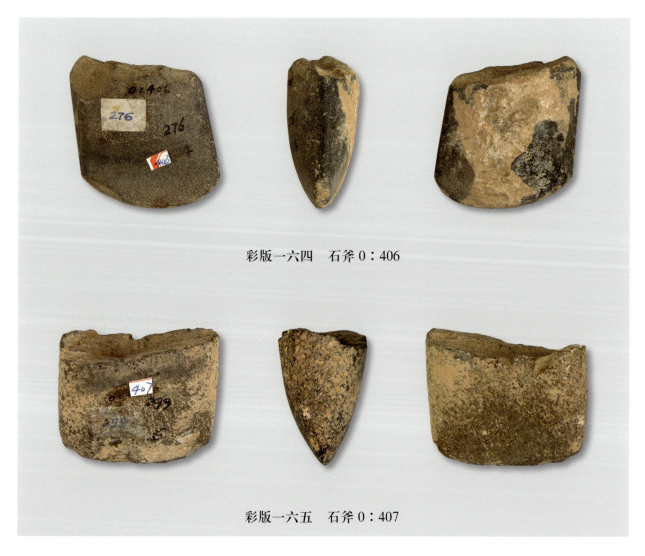

彩版一六四　石斧 0：406

彩版一六五　石斧 0：407

彩版一六六　石斧0：408

标本0：409，石斧。上端残缺，刃部有残损。上下基本等宽。刃部呈圆弧形。器身扁圆。双面刃。采集地点不详。残长7.2、宽6.1、厚2.9厘米（图五六，1；彩版一六七）。

标本0：410，石斧。黑色。上端残损，刃部残缺。上端窄、刃部宽。器身扁圆。双面刃。采集地点不详。残长10.5、宽6.2、厚2.7厘米（图五六，2；彩版一六八）。

标本0：411，石斧。灰黑色。上端残缺。上端宽、刃部窄。双面刃。采集地点不详。残长3.6、宽2.8、厚1.9厘米（图五六，3；彩版一六九）。

图五六　石斧
1～3. 石斧0：409～411

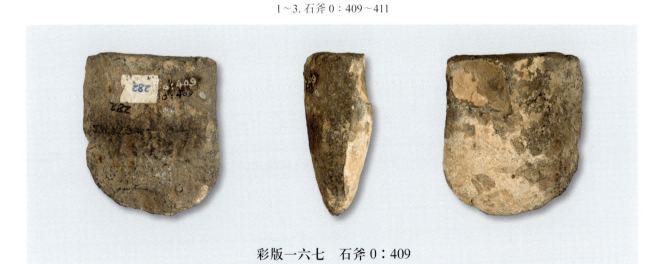

彩版一六七　石斧0：409

彩版一六八　石斧 0：410

彩版一六九　石斧 0：411

　　标本 0：412，石斧。灰黑色。上端残缺。上端宽、刃部窄。刃部呈圆弧形。器身扁圆。双面刃。采集地点不详。残长 4.6、宽 3.6、厚 2.1 厘米（图五七，1；彩版一七〇）。

　　标本 0：441，石斧。青灰色。刃部残缺。上端略窄。器身及两侧皆磨平，呈扁长条形。原始白纸标签上写有"仰韶"二字。采集自仰韶村。残长 4.6、宽 3、厚 1.7 厘米（图五七，2；彩版一七一）。

　　标本 0：442，石斧。黑色。上端残损，刃部残缺。上端窄、刃部宽。器身及两侧皆磨平，呈扁长条形。两面各贴有一张原始白纸标签，一张写有"渑池县仰韶村"，一张写有"仰韶"二字。采集自仰韶村。残长 5、宽 3.8、厚 1.5 厘米（图五七，3；彩版一七二）。

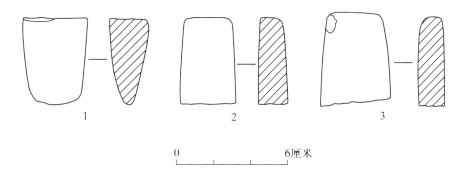

图五七　石斧

1~3. 石斧 0：412、441、442

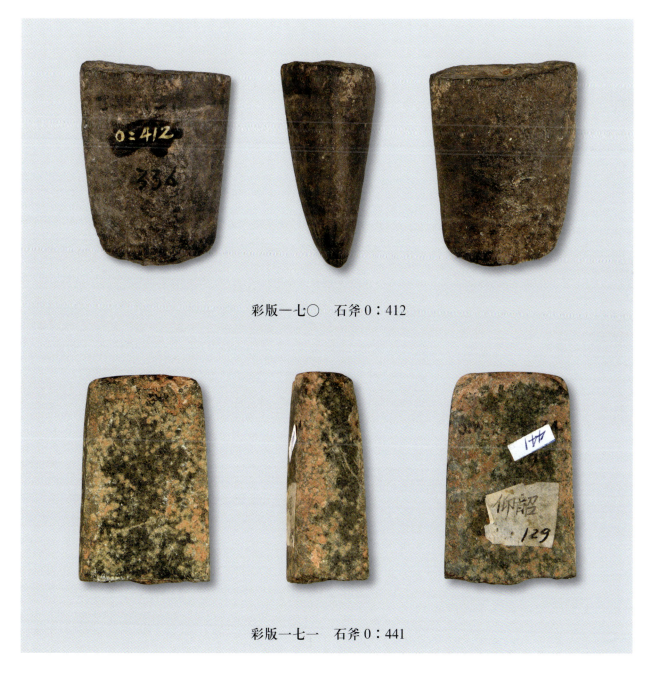

彩版一七〇　石斧 0：412

彩版一七一　石斧 0：441

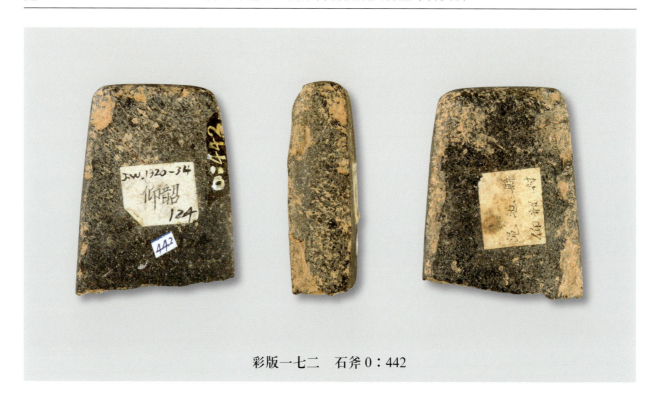

彩版一七二　　石斧 0：442

　　标本 0：445，石斧。黑色。刃部残缺。上端窄、刃部宽。器身扁平，两侧磨平。采集自河北龙关。残长 10.5、宽 5.7、厚 2.9 厘米（图五八，1；彩版一七三）。

　　标本 0：485，石斧。红灰色。形体较小。上端窄、刃部略宽。器身扁平。双面刃。采集地点不详。长 4.3、宽 2.5、厚 1.2 厘米（图五八，2；彩版一七四）。

　　标本 0：487，石斧。灰黑色。形体较小。上端残缺，刃部有残损。上下基本等宽。器身扁圆。双面刃。采集地点不详。残长 3.6、宽 3.3、厚 1.2 厘米（图五八，3；彩版一七五）。

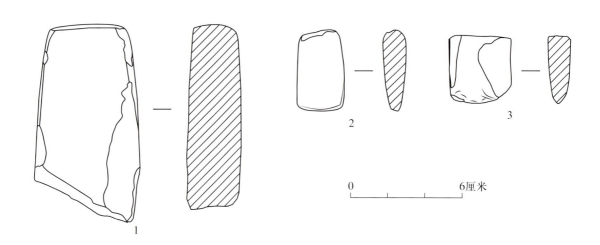

0　　　　　　6 厘米

图五八　石斧
1～3. 石斧 0：445、485、487

彩版一七三　石斧 0：445

彩版一七四　石斧 0：485

彩版一七五　石斧 0：487

2. 石锤

55 件。

标本 0∶242，石锤。灰黑色。一端大、一端小，两端有使用形成的残损。器身圆浑。原始白纸标签上写有"渑池县仰韶村"。采集自仰韶村。长 12.5、宽 5、厚 4.9 厘米（图五九，1；彩版一七六）。

标本 0∶243，石锤。灰色。一端大、一端小，两端及一侧有残损。器身圆浑。采集自仰韶村。残长 15.5、宽 7.1、厚 5.1 厘米（图五九，2；彩版一七七）。

标本 0∶244，石锤。黑色。一端大、一端小。偏大一端残缺。器身圆浑。采集自仰韶村。残长 12.5、宽 5.6、厚 3.9 厘米（图五九，3；彩版一七八）。

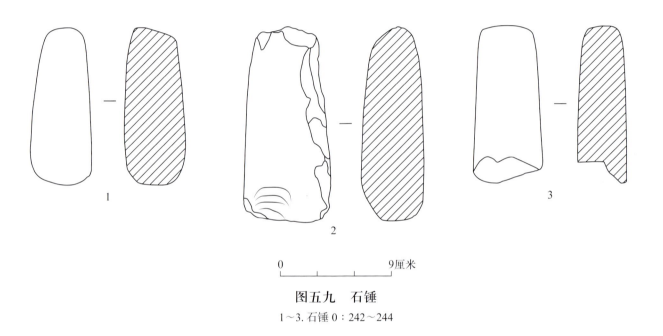

0   9厘米

图五九　石锤
1～3. 石锤 0∶242～244

彩版一七六　石锤 0∶242

彩版一七七　石锤 0∶243

彩版一七八　石锤 0∶244

标本 0∶245，石锤。黑色。一端大、一端小。两端有使用形成的残损。器身圆浑。原始白纸标签上写有"仰韶"二字。采集自仰韶村。残长 10.5、宽 4.1、厚 3.3 厘米（图六〇，1；彩版一七九）。

标本 0∶246，石锤。灰黑色。一端大、一端小。偏大一端残缺，另一端有残损。器身圆浑。采集自仰韶村。残长 10、宽 6.4、厚 3.5 厘米（图六〇，2；彩版一八〇）。

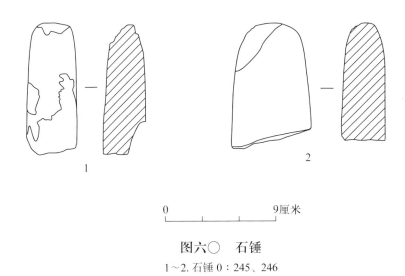

0　　　　　　9厘米

图六〇　石锤
1～2. 石锤 0：245、246

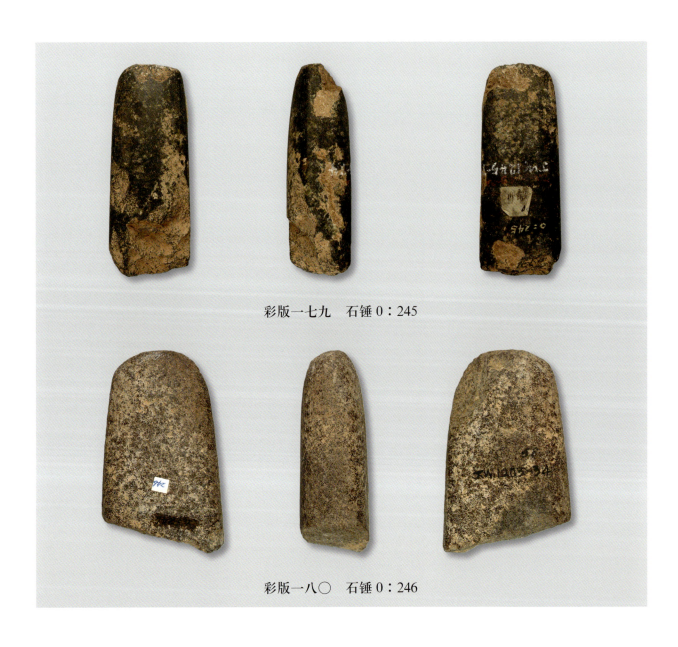

彩版一七九　石锤 0：245

彩版一八〇　石锤 0：246

标本 0：247，石锤。灰黑色。一端大、一端小。偏大一端残缺，另一端有残损。器身两面磨平。原始白纸标签上写有"渑池县仰韶村"。采集自仰韶村。残长 9.3、宽 6.2、厚 3.8 厘米（图六一，1；彩版一八一）。

标本 0：248，石锤。黑色。一端大、一端小。偏大一端残缺，另一端有残损。器身圆浑。原始白纸标签上写有"仰韶"二字。采集自仰韶村。残长 8.4、宽 5.2、厚 3 厘米（图六一，2；彩版一八二）。

标本 0：249，石锤。灰色。一端大、一端小。偏大一端残缺。器身圆浑。采集自仰韶村。残长 10.5、宽 5.3、厚 4.5 厘米（图六一，3；彩版一八三）。

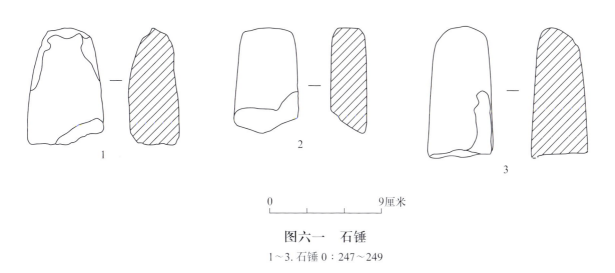

0 ————— 9厘米

图六一　石锤

1～3. 石锤 0：247～249

彩版一八一　石锤 0：247

彩版一八二　石锤 0：248

彩版一八三　石锤 0：249

标本 0：250，石锤。灰色。一端残缺。呈圆柱状。原始白纸标签上写有"渑池县仰韶村"。采集自仰韶村。残长 5.3、宽 4.7、厚 4.4 厘米（图六二，1；彩版一八四）。

标本 0：251，石锤。灰色。一端残损。呈圆柱状，上下基本等宽。原始白纸标签上写有"仰韶"二字。采集自仰韶村。长 6.8、宽 5.8、厚 4.5 厘米（图六二，2；彩版一八五）。

标本 0：252，石锤。灰色。一端大、一端小。偏大一端残缺。器身两面磨平。原始白纸标签上写有"渑池县仰韶村"。采集自仰韶村。残长 6.9、宽 5.7、厚 4.3 厘米（图六二，3；彩版一八六）。

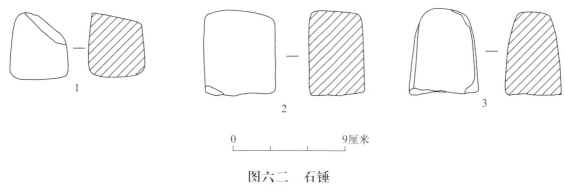

0　　　　　　9厘米

图六二　石锤

1～3. 石锤 0：250～252

彩版一八四　石锤 0：250

彩版一八五　石锤 0：251

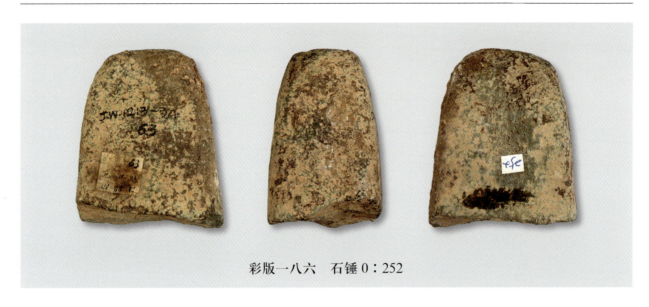

彩版一八六　石锤 0：252

标本 0：253，石锤。灰黑色。一端残缺。器身扁圆，上下基本等宽。原始白纸标签上写有"仰韶"二字。采集自仰韶村。残长 6.3、宽 5.2、厚 3.4 厘米（图六三，1；彩版一八七）。

标本 0：254，石锤。灰色。一端大、一端小。偏大一端残缺。器身圆浑。原始白纸标签上写有"仰韶"二字。采集自仰韶村。残长 4.9、宽 6.3、厚 3.6 厘米（图六三，2；彩版一八八）。

标本 0：312，石锤。灰黑色。一端大、一端小。两端有使用形成的残损。器身圆浑。贴有原始白纸标签两张，一张写有"宣化"二字，另一张字迹磨损。采集自河北宣化。残长 13.2、宽 6.3、厚 4.5 厘米（图六三，3；彩版一八九）。

标本 0：313，石锤。灰黑色。一端大、一端小。两端有使用形成的残损。器身圆浑。原始白纸标签上写有"宣化"二字。采集自河北宣化白庙堡后河。长 14、宽 5.9、厚 4 厘米（图六三，4；彩版一九〇）。

标本 0：314，石锤。黑色。一端大、一端小。偏大一端残缺，另一端有使用形成的残损。器身圆浑。原始白纸标签残缺。采集自河北宣化东……十五里南……榆……。残长 15.7、宽 7.4、厚 4.4 厘米（图六三，5；彩版一九一）。

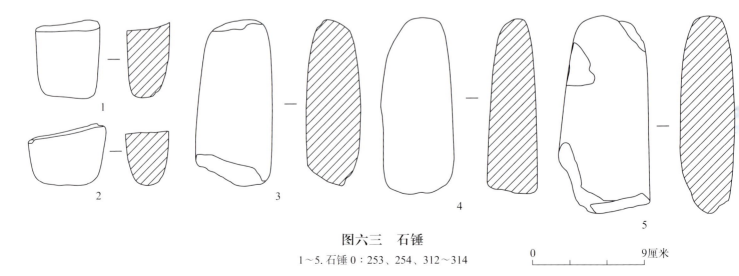

图六三　石锤

1～5. 石锤 0：253、254、312～314

0　　　　　　　9厘米

彩版一八七　石锤 0：253

彩版一八八　石锤 0：254

彩版一八九　石锤 0：312

彩版一九〇　石锤 0：313

彩版一九一　石锤 0：314

　　标本 0：315，石锤。黑色。一端大、一端小。偏大一端有使用形成的残损。器身圆浑。贴有原始白纸标签两张，一张写有"宣化"二字；一张已漫漶不清，可辨认出"直宣龙……"三字。采集自河北宣化。长 13.5、宽 7.1、厚 4.7 厘米（图六四，1；彩版一九二）。

　　标本 0：316，石锤。灰色。一端大、一端小。两端各有一角残缺。器身圆浑。原始白纸标签上写有"宣化"二字。采集自河北宣化。长 12.4、宽 5.9、厚 3.2 厘米（图六四，2；彩版一九三）。

　　标本 0：317，石锤。灰色。一端大、一端小。两端有使用形成的残损。器身圆浑。采集自河北宣化县（今宣化区）南廿里风水口西三里赫家山坡。长 10.4、宽 5.4、厚 3.5 厘米（图六四，3；彩版一九四）。

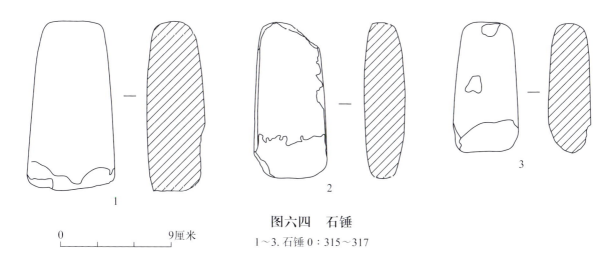

图六四　石锤

1～3. 石锤 0：315～317

彩版一九二　石锤 0：315

彩版一九三　石锤 0：316

彩版一九四　石锤 0：317

标本 0：320，石锤。灰黑色，一端大、一端小。偏大一端残缺。器身偏扁。原始白纸标签上写有"宣化"二字。采集自河北宣化县（今宣化区）罗家庄西河。残长 10.1、宽 6.8、厚 3.5 厘米（图六五，1；彩版一九五）。

标本 0：321，石锤。灰色。呈圆角长方形。一端有使用形成的残损。器身圆浑。采集自河北宣化。长 11.5、宽 7.1、厚 5 厘米（图六五，2；彩版一九六）。

标本 0：322，石锤。黑色。呈长条形。一端圆钝，一端残损。原始白纸标签上写有"宣化"二字。采集自河北宣化县（今宣化区）南四十里寇家沟。残长 9.6、宽 3.5、厚 3.1 厘米（图六五，3；彩版一九七）。

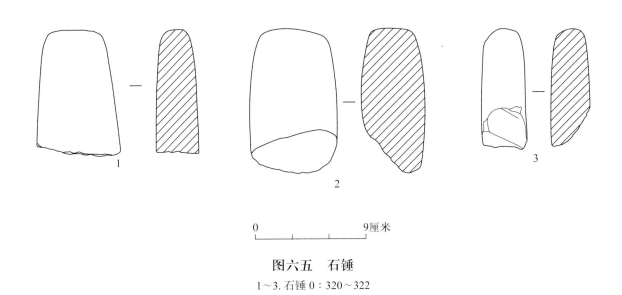

0　　　　　　　　9厘米

图六五　石锤

1～3. 石锤 0：320～322

彩版一九五　石锤 0：320

彩版一九六　石锤 0：321

彩版一九七　石锤 0：322

标本 0：323，石锤。灰色，一端大、一端小。偏小一端残缺，另一端有使用形成的残损。器身偏扁。采集自河北宣化县（今宣化区）南桃家坡。残长 8.5、宽 7.1、厚 4.1 厘米（图六六，1；彩版一九八）。

标本 0：324，石锤。灰黑色。半截残缺。器身圆浑。采集自河北宣化县（今宣化区）东六十里鸡鸣驿北三里长河沟。残长 8.6、宽 6、厚 3.7 厘米（图六六，2；彩版一九九）。

标本 0：343，石锤。黑色。偏小一端残损严重。器身圆浑。原始白纸标签上写有"热河"二字。采集自热河。残长 15.1、宽 8.2、厚 6.8 厘米（图六六，3；彩版二〇〇）。

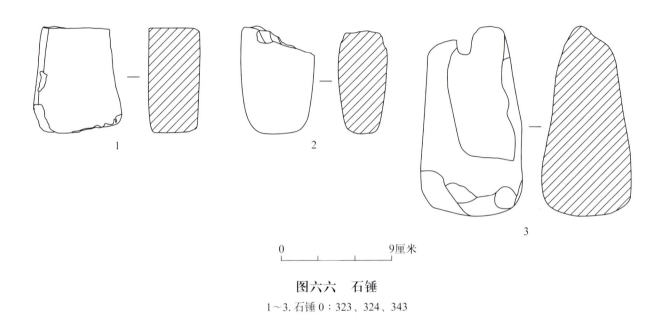

0　　　　　　　　9厘米

图六六　石锤

1～3. 石锤 0：323、324、343

彩版一九八　石锤 0：323

彩版一九九　石锤 0：324

彩版二〇〇　石锤 0：343

标本 0：344，石锤。灰色。一端大、一端小。器身圆浑。原始白纸标签上写有"热河"二字。采集自热河。长 12.9、宽 6.9、厚 4.8 厘米（图六七，1；彩版二〇一）。

标本 0：345，石锤。灰色。一端大、一端小。两端有使用形成的残损。器身圆浑。贴有原始白纸标签两张，分别写有"热河""直隶热河松？寺高土梁"。采集自热河。残长 12.4、宽 6.8、厚 4.8 厘米（图六七，2；彩版二〇二）。

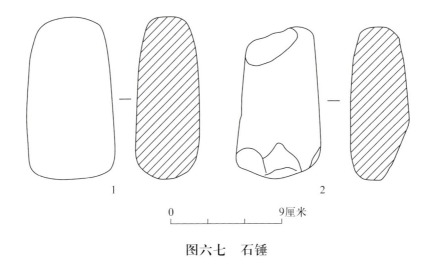

0　　　　　　9厘米

图六七　石锤

1、2. 石锤 0：344、345

彩版二○一　石锤 0：344

彩版二○二　石锤 0：345

标本 0：346，石锤。灰黑色。呈长条状。两端皆有使用形成的残损。原始白纸标签上写有"渑池县仰韶村"。采集自仰韶村。残长 11.1、宽 5.4、厚 4.3 厘米（图六八，1；彩版二〇三）。

标本 0：347，石锤。灰色。一端大、一端小。偏大的一端残缺，另一端有使用形成的残损。器身圆浑。原始白纸标签上写有"热河"二字。采集自热河。残长 10.8、宽 7、厚 4.7 厘米（图六八，2；彩版二〇四）。

标本 0：348，石锤。灰色。两端基本等宽，中间微束。器身圆浑。原始白纸标签上写有"热河"二字。采集自热河瓦子堡。长 10.5、宽 7、厚 5.5 厘米（图六八，3；彩版二〇五）。

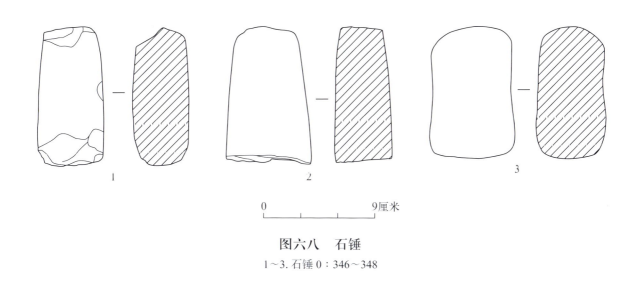

0   9厘米

图六八 石锤

1～3. 石锤 0：346～348

彩版二〇三 石锤 0：346

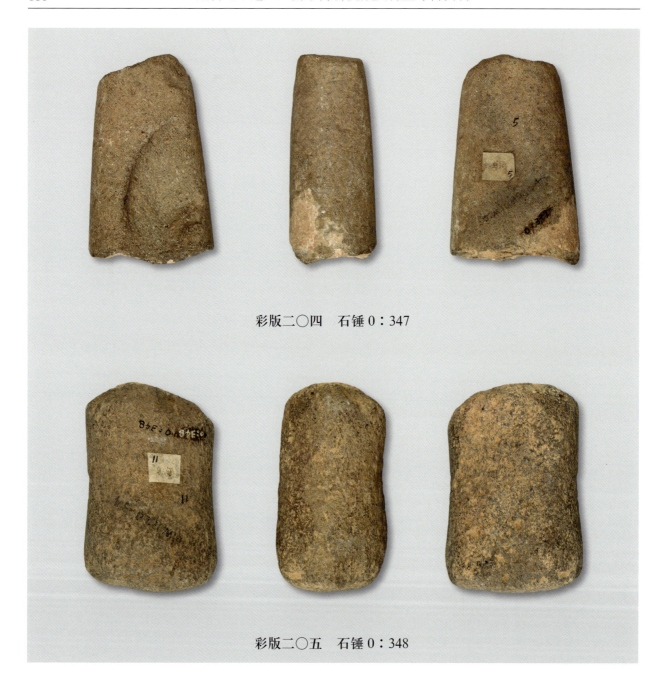

彩版二〇四　石锤 0：347

彩版二〇五　石锤 0：348

标本 0：349，石锤。黑色。一端大、一端小。两端有使用形成的残损。器身扁圆。采集自热河。长 10.8、宽 6.5、厚 3.8 厘米（图六九，1；彩版二〇六）。

标本 0：350，石锤。灰色。一端残缺，另一端有使用形成的残损。器身扁平。原始白纸标签上写有"热河"二字。采集自热河东六十里老爷庙□二里□石沟。残长 10.4、宽 6.9、厚 3.1 厘米（图六九，2；彩版二〇七）。

标本 0：351，石锤。灰色。呈圆柱状。一端残缺。原始白纸标签上写有"热河北四八里光裕西三里火烧坡十一月十九日"。采集自热河。残长 10.3、宽 4.5、厚 4.4 厘米（图六九，3；彩版二〇八）。

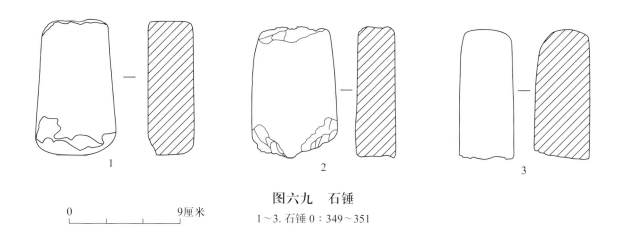

图六九　石锤

1～3. 石锤 0：349～351

0　　　　　　9厘米

彩版二〇六　石锤 0：349

彩版二〇七　石锤 0：350

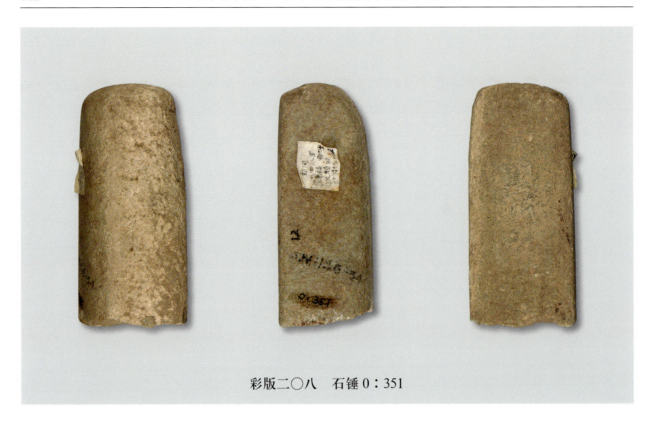

彩版二〇八　石锤 0：351

标本 0：352，石锤。灰色。一端残缺。器身圆浑。采集自热河。残长 7.7、宽 5.1、厚 5 厘米（图七〇，1；彩版二〇九）。

标本 0：353，石锤。黑色。一端大、一端小。偏大的一端残缺。器身圆浑。采集自热河。残长 11.5、宽 5.4、厚 4 厘米（图七〇，2；彩版二一〇）。

标本 0：354，石锤。黑色，一端大、一端小。偏大一端有使用形成的残损。器身圆浑。采集自热河。长 15、宽 6.4、厚 4.1 厘米（图七〇，3；彩版二一一）。

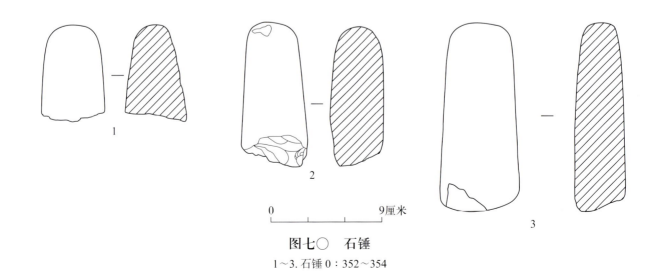

图七〇　石锤

1～3. 石锤 0：352～354

彩版二〇九　石锤 0：352

彩版二一〇　石锤 0：353

彩版二一一　石锤 0：354

标本 0∶365，石锤。黑色。一端大、一端小。器身圆浑。采集自河北龙关县二十五里盆……西一里……。长 12.5、宽 6.5、厚 4.4 厘米（图七一，1；彩版二一二）。

标本 0∶366，石锤。灰色。一端大、一端小。偏大一端有使用形成的残损。器身圆浑。采集自河北龙关南二十里张家。长 11.7、宽 6.2、厚 4.3 厘米（图七一，2；彩版二一三）。

0   9厘米

图七一　石锤

1、2. 石锤 0∶365、366

彩版二一二　石锤 0∶365

彩版二一三　石锤 0∶366

　　标本 0：367，石锤，黑色，一端大、一端小，偏大一端有使用形成的残损。器身圆浑。原始白纸标签上写有"直隶龙关县南五十里上瓦房西三里王八沟"。采集自河北龙关。长 12.6、宽 6.4、厚 4.4 厘米（图七二，1；彩版二一四）。

　　标本 0：368，石锤。灰黑色。一端大、一端小。偏大一端有使用形成的残损。器身圆浑。原始白纸标签上写有"龙关"二字。采集自河北龙关。残长 10.8、宽 6.6、厚 4.8 厘米（图七二，2；彩版二一五）。

　　标本 0：369，石锤。灰黑色。一端大、一端小。偏大一端端部残缺，偏小一端残损。器身圆浑。原始白纸标签上写有"龙关"二字。采集自河北龙关……十五里道河……里奎山嘴。残长 14.1、宽 6.8、厚 4.8 厘米（图七二，3；彩版二一六）。

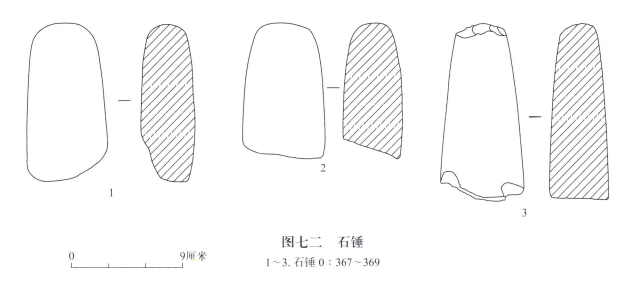

图七二　石锤
1~3. 石锤 0：367~369

0　　　　　　9厘米

彩版二一四　石锤 0：367

彩版二一五　石锤 0：368

彩版二一六　石锤 0：369

　　标本 0：370，石锤。黑色。一端略大，偏大一端有使用形成的残损。采集自河北龙关。长9.8、宽5.9、厚3.9厘米（图七三，1；彩版二一七）。

　　标本 0：371，石锤。黑色。一端大、一端小。两端皆有使用形成的残损。原始白纸标签上写有"龙关"二字。采集自河北龙关县五里周村西沙河。长8.9、宽6.7、厚4.6厘米（图七三，2；彩版二一八）。

　　标本 0：372，石锤。黑色。一端残缺，另一端残损。器身圆浑。原始白纸标签上写有"直隶龙关县南三十里陈家窑北半里土毛山"。采集自河北龙关。残长8.5、宽5.9、厚5.2厘米（图七三，3；彩版二一九）。

图七三　石锤

1～3. 石锤 0：370～372

0　　　　　　　　　9厘米

彩版二一七　石锤 0：370

彩版二一八　石锤 0：371

彩版二一九　石锤 0：372

标本 0：373，石锤。灰黑色。一端有使用形成的残损，另一端残缺。原始白纸标签上写有"龙关"二字。采集自河北龙关。残长 5.1、宽 4.7、厚 2.4 厘米（图七四，1；彩版二二〇）。

标本 0：413，石锤。灰黑色。一端大、一端小。两端有使用形成的残损。器身偏扁。采集地点不详。长 13、宽 6.2、厚 3.6 厘米（图七四，2；彩版二二一）。

标本 0：414，石锤。灰色。一端大、一端小。偏大一端有使用形成的残损。器身圆浑。采集地点不详。长 15.5、宽 6.5、厚 4.6 厘米（图七四，3；彩版二二二）。

标本 0：415，石锤。灰色。一端大、一端小，两端有使用形成的残损。器身圆浑。采集地点不详。长 11.4、宽 6.1、厚 4.3 厘米（图七四，4；彩版二二三）。

标本 0：416，石锤。黑色。一端大、一端小。两端有使用形成的残损。器身圆浑。采集地点不详。长 9.6、宽 5.5、厚 3.4 厘米（图七四，5；彩版二二四）。

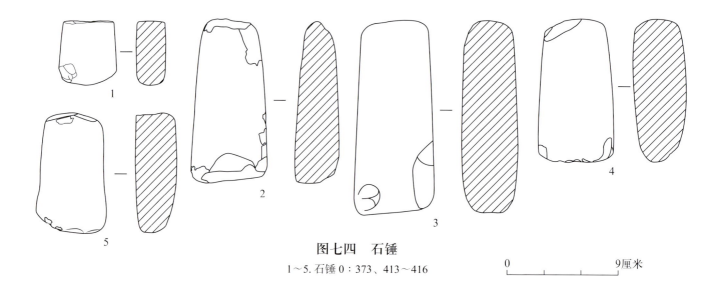

图七四　石锤

1～5. 石锤 0：373、413～416

0　　　　　　9厘米

彩版二二○　石锤 0：373

彩版二二一　石锤 0：413

彩版二二二　石锤 0：414

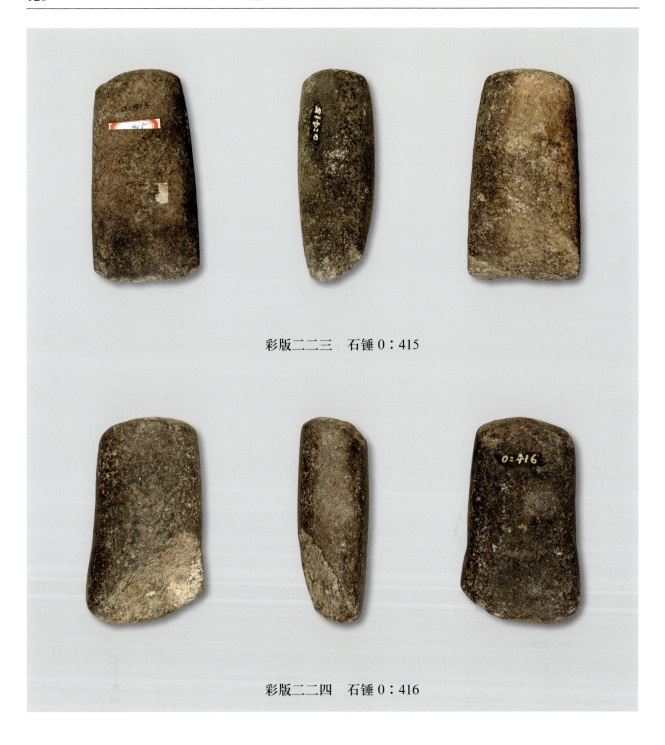

彩版二二三　石锤 0：415

彩版二二四　石锤 0：416

　　标本 0：417，石锤。灰色。一端大、一端小。偏大一端有使用形成的残损。器身圆浑。采集地点不详。长 11.5、宽 7.1、厚 4.2 厘米（图七五，1；彩版二二五）。

　　标本 0：418，石锤。黑色。一端残缺。器身圆浑。采集地点不详。残长 7.4、宽 5.3、厚 4 厘米（图七五，2；彩版二二六）。

　　标本 0：419，石锤。灰色。一端残缺。器身圆浑。采集地点不详。残长 6.9、宽 4.9、厚 3.5 厘米（图七五，3；彩版二二七）。

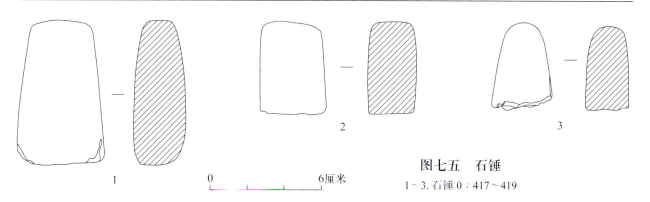

图七五　石锤

1～3.石锤 0：417～419

0 ⊢———⊣ 6厘米

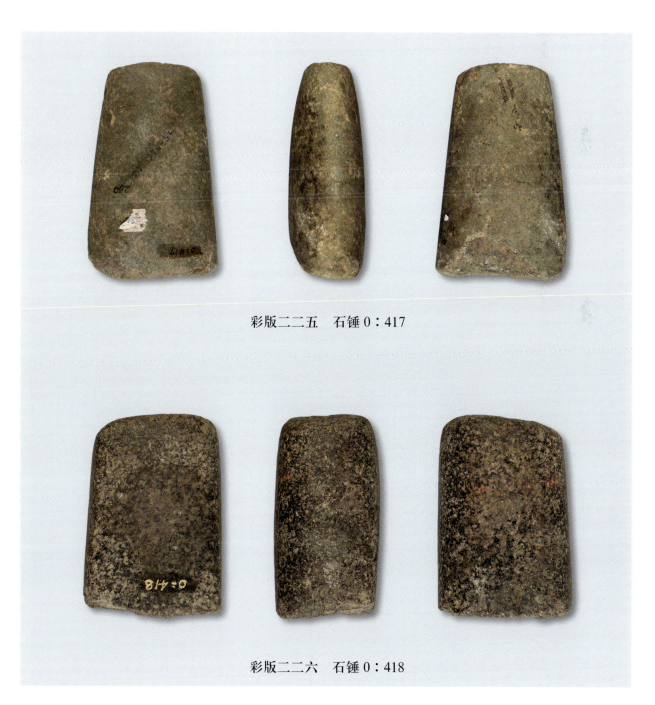

彩版二二五　石锤 0：417

彩版二二六　石锤 0：418

彩版二二七　石锤 0：419

标本 0：420，石锤。灰黑色。一端残缺，一端有使用形成的残损。器身圆浑。采集地点不详。残长 7.3、宽 5.8、厚 4 厘米（图七六，1；彩版二二八）。

标本 0：421，石锤。灰色，一端大、一端小。偏小一端残缺。器身圆浑，呈圆柱状。采集地点不详。残长 5.3、宽 2.5、厚 2.5 厘米（图七六，2；彩版二二九）。

标本 0：422，石锤。灰黑色。两端有使用形成的残损。器身呈方柱状。原始白纸标签上写有"渑池县仰韶村"。采集自仰韶村。长 5.3、宽 2.2、厚 1.7 厘米（图七六，3；彩版二三〇）。

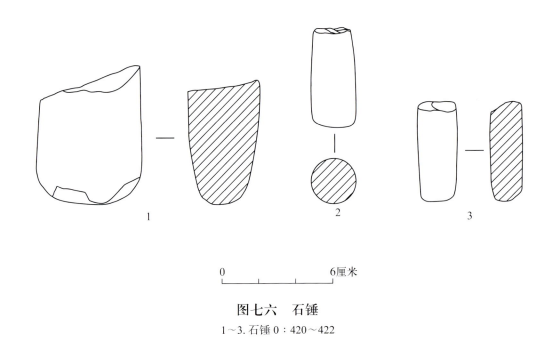

图七六　石锤

1～3. 石锤 0：420～422

彩版二二八　石锤 0：420

彩版二二九　石锤 0：421

彩版二三〇　石锤 0：422

3. 石锛

24 件。

标本 0：439，石锛。青灰色。残损。单面刃。采集自仰韶村。残长 6.4、宽 3.7、厚 2 厘米（图七七，1；彩版二三一）。

标本 0：440，石锛。青灰色。残损。单面刃。采集自仰韶村。残长 4.6、宽 4.8、厚 1.8 厘米（图七七，2；彩版二三二）。

标本 0：443，石锛。青灰色。略有残损。呈长方形。单面刃。原始白纸标签上写有"仰韶"二字，器身黑色字迹写有"渑池"二字。采集自仰韶村。长 7.6、宽 5.3、厚 1.6 厘米（图七七，3；彩版二三三）。

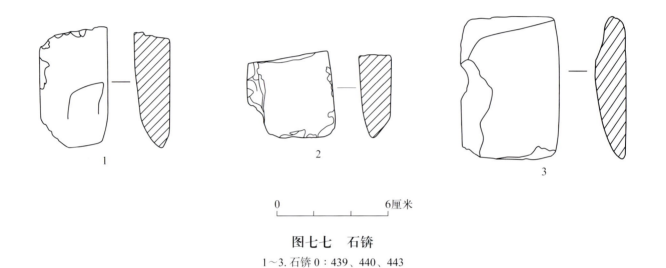

0　　　　　　6厘米

图七七　石锛

1～3. 石锛 0：439、440、443

彩版二三一　石锛 0：439

彩版二三二　石锛 0：440

彩版二三三　石锛 0：443

标本 0：444，石锛。青灰色。呈长方形。单面刃。原始白纸标签上写有"仰韶"二字。采集自仰韶村。长 6.1、宽 4.5、厚 1.7 厘米（图七八，1；彩版二三四）。

标本 0：446，石锛。黑色。呈长方形。上端与刃部有残损。单面刃。原始白纸标签上写有"仰韶"二字。采集自仰韶村。长 9.1、宽 4.9、厚 2.4 厘米（图七八，2；彩版二三五）。

标本 0：447，石锛。青灰色。呈倒梯形，上宽下窄。上端残损。单面刃。原始白纸标签上写有"仰韶"二字。采集自仰韶村。长 8.8、宽 5.1、厚 1.7 厘米（图七八，3；彩版二三六）。

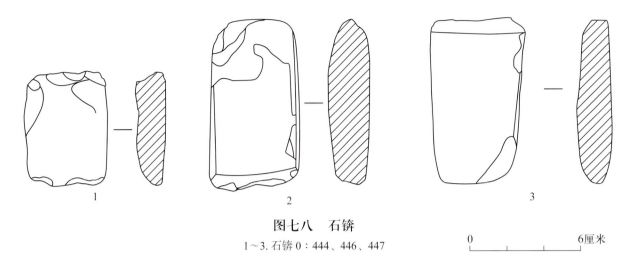

图七八　石锛

1～3. 石锛 0：444、446、447

0　　　　　　　　　6厘米

彩版二三四　石锛 0：444

彩版二三五　石锛 0：446

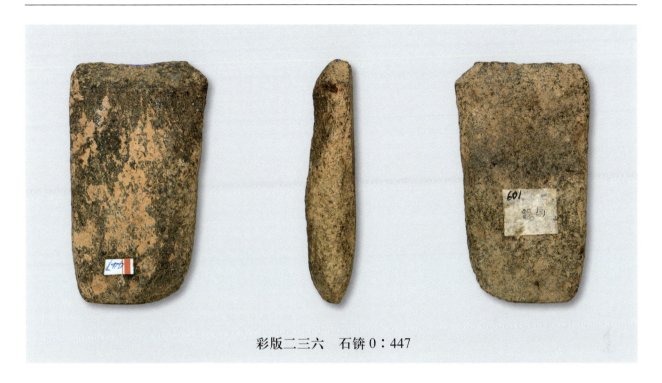

彩版二三六 石锛0：447

　　标本0：448，石锛。青灰色。略呈长方形。一面平，一面微隆起，整体呈上下薄、中间厚。单面刃。刃及上端残损。长10.9、宽4.4、厚1.5厘米（图七九，1；彩版二三七）。

　　标本0：449，石锛。黑色。上端残缺。单面刃。原始白纸标签上写有"仰韶"二字。采集自仰韶村。残长3.5、宽2.9、厚1.4厘米（图七九，2；彩版二三八）。

　　标本0：450，石锛。黑色。略呈梯形，上窄下宽。上端残缺。单面刃。原始白纸标签上写有"仰韶"二字。采集自仰韶村。残长4.3、宽3.7、厚2.1厘米（图七九，3；彩版二三九）。

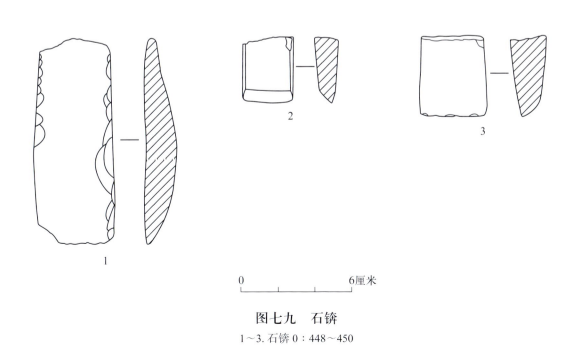

0　　　　　　6厘米

图七九　石锛

1～3.石锛0：448～450

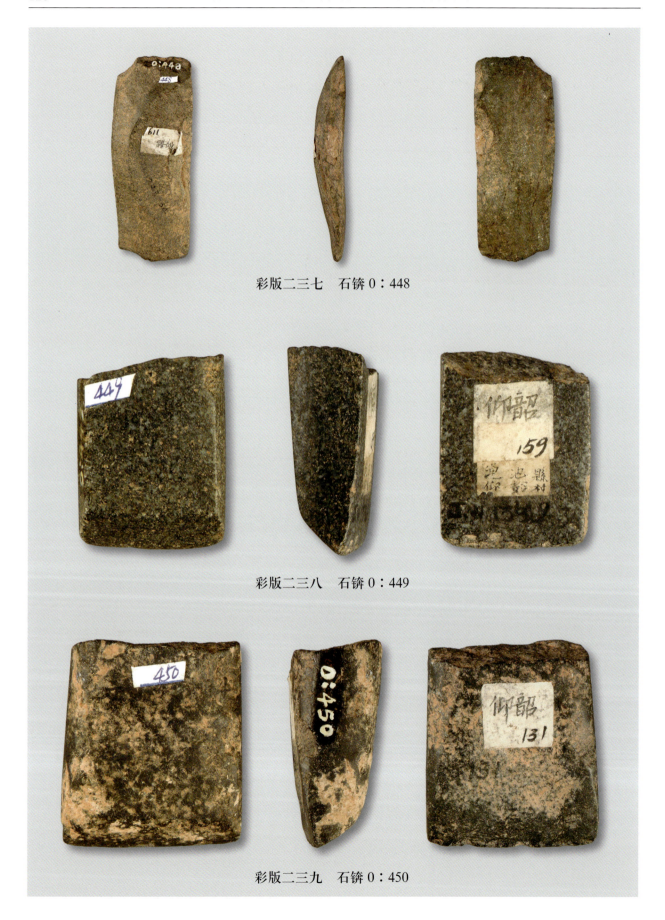

彩版二三七　石锛 0：448

彩版二三八　石锛 0：449

彩版二三九　石锛 0：450

　　标本 0：451，石锛。青灰色。两侧残损。单面刃。原始白纸标签上写有"渑池县仰韶村"。采集自仰韶村。长 6.3、宽 5.1、厚 2 厘米（图八〇，1；彩版二四〇）。

　　标本 0：452，石锛。黑色。上端及刃部有残损。单面刃。原始白纸标签上写有"仰韶"二字。采集自仰韶村。长 5.7、宽 3.9、厚 1.1 厘米（图八〇，2；彩版二四一）。

　　标本 0：453，石锛。青灰色。上端及一侧残损。单面刃。采集自仰韶村。长 6.8、宽 3.5、厚 1.2 厘米（图八〇，3；彩版二四二）。

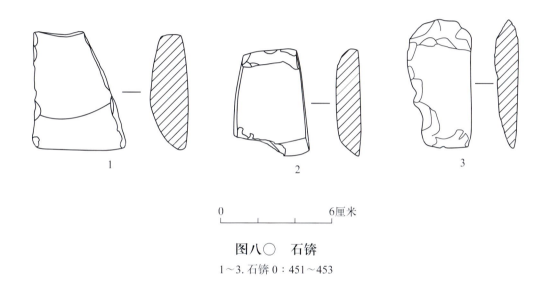

0　　　　　　　　6厘米

图八〇　石锛

1～3. 石锛 0：451～453

彩版二四〇　石锛 0：451

彩版二四一   石锛 0：452

彩版二四二   石锛 0：453

　　标本 0：454，石锛。黑色。上端残缺。原始白纸标签上写有"仰韶"二字。采集自仰韶村。残长 4.5、宽 5.2、厚 1.4 厘米（图八一，1；彩版二四三）。

　　标本 0：455，石锛。黑色。上端残缺。略呈方形。单面刃。采集自龙关。残长 4.1、宽 3.7、厚 1.5 厘米（图八一，2；彩版二四四）。

　　标本 0：456，石锛。黑色。上端残缺，刃部残损。略呈方形。单面刃。采集自仰韶村。残长 4.1、宽 4、厚 1.5 厘米（图八一，3；彩版二四五）。

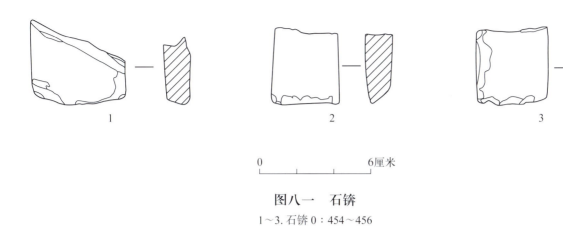

0　　　　　　　　6厘米

图八一　石锛

1~3. 石锛 0：454~456

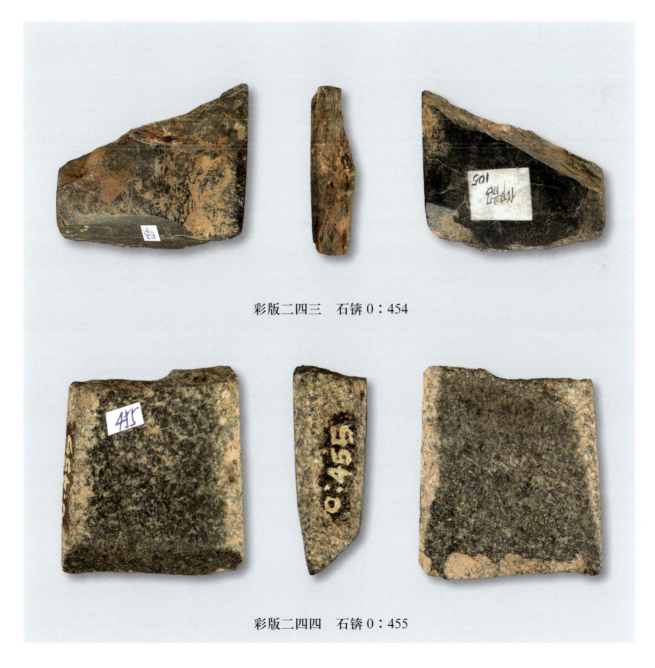

彩版二四三　石锛 0：454

彩版二四四　石锛 0：455

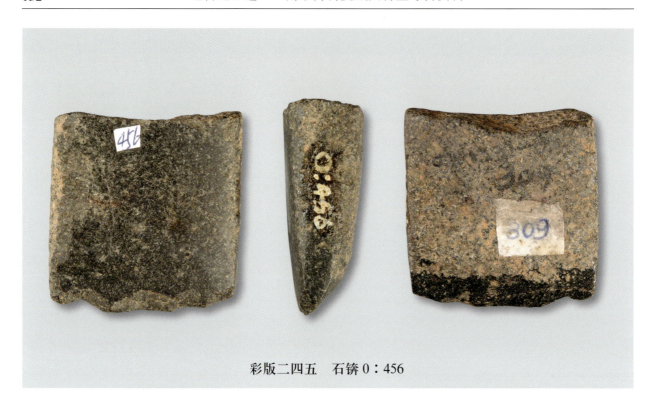

彩版二四五　石锛 0：456

标本 0：457，石锛。黑色。上端残缺，刃部残损。略呈方形。单面刃。来自安特生考古调查采集，采集地点不详。残长 5、宽 4.9、厚 1.8 厘米（图八二，1；彩版二四六）。

标本 0：458，石锛。黑色。上端残缺，刃部残损。采集地点不详。残长 4.2、宽 4.8、厚 1.6 厘米（图八二，2；彩版二四七）。

标本 0：459，石锛。黑色。上端残缺。单面刃。采集地点不详。残长 3.8、宽 3.6、厚 1.9 厘米（图八二，3；彩版二四八）。

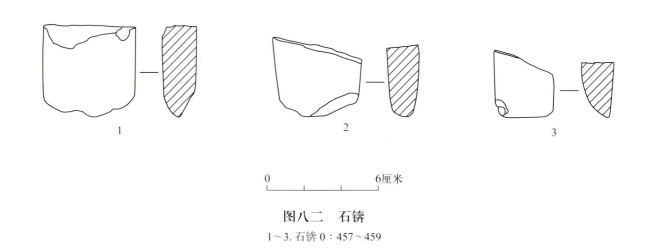

图八二　石锛

1～3. 石锛 0：457～459

彩版二四六　石锛 0：457

彩版二四七　石锛 0：458

彩版二四八　石锛 0：459

标本 0：460，石锛。黑色。上端及一侧边缘缺损。单面刃。采集地点不详。残长3.4、宽3.9、厚1.9厘米（图八三，1；彩版二四九）。

标本 0：461，石锛。青灰色。上端残缺。单面刃。采集地点不详。残长4.7、宽4.6、厚1.6厘米（图八三，2；彩版二五○）。

标本 0：462，石锛。黑色。上端残缺。单面刃。采集地点不详。残长3.7、宽5.7、厚1.9厘米（图八三，3；彩版二五一）。

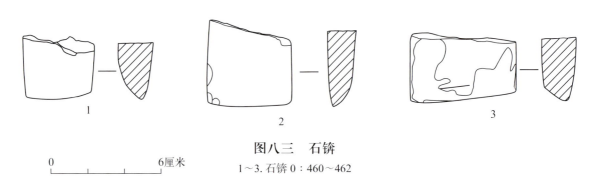

0 _____ 6厘米

图八三　石锛
1～3. 石锛 0：460～462

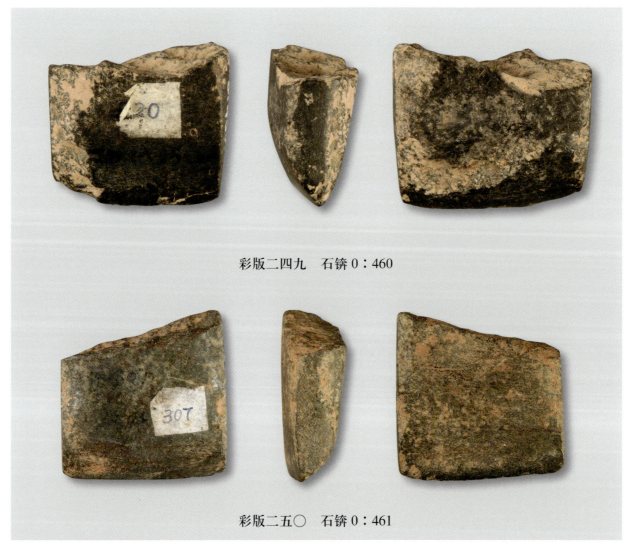

彩版二四九　石锛 0：460

彩版二五○　石锛 0：461

彩版二五一　石锛 0：462

标本 0：463，石锛。黑色。上端残缺。略呈长方形。单面刃。采集地点不详。残长 3、宽 6.1、厚 2 厘米（图八四，1；彩版二五二）。

标本 0：471，石锛。黑色。上端及一侧残缺，刃部残损。单面刃。原始白纸标签上写有"仰韶"二字。采集自仰韶村。残长 3.4、宽 2.3、厚 0.7 厘米（图八四，2；彩版二五三）。

标本 0：488，石锛。黑色。上端及一侧近刃部处残损。略呈倒梯形，刃部收窄。单面刃。采集地点不详。长 4.1、宽 1.9、厚 1.1 厘米（图八四，3；彩版二五四）。

1　　　　　　　　　　2　　　　　　　　　　3

图八四　石锛

0　　　　　　6厘米

1~3.石锛 0：463、471、488

彩版二五二　石锛 0：463

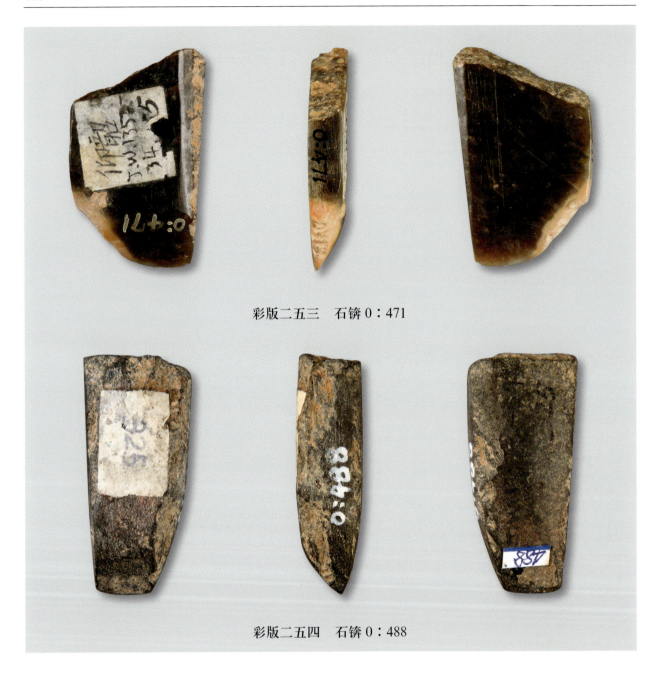

彩版二五三　石锛 0∶471

彩版二五四　石锛 0∶488

4. 石凿

17 件。

标本 0∶470，石凿。上端残缺，刃部有残损。上下基本等宽，呈长条状。器身扁平。双面刃。原始白纸标签上写有"仰韶"二字。采集自仰韶村。残长 4.9、宽 2.3、厚 0.6 厘米（图八五，1；彩版二五五）。

标本 0∶472，石凿。青灰色，带暗红色皮。仅剩刃部，截面近方形。原始白纸标签上写有"仰韶"二字。采集自仰韶村。残长 3、宽 2.1、厚 1.6 厘米（图八五，2；彩版二五六）。

标本 0∶473，石凿。黑色。上端残缺，刃部有残损。刃部略宽。器身扁平。原始白纸标签上写有"仰韶"二字。采集自仰韶村。残长 3.3、宽 3、厚 0.8 厘米（图八五，3；彩版二五七）。

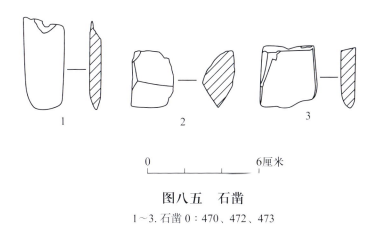

图八五　石凿

1～3. 石凿 0：470、472、473

彩版二五五　石凿 0：470

彩版二五六　石凿 0：472

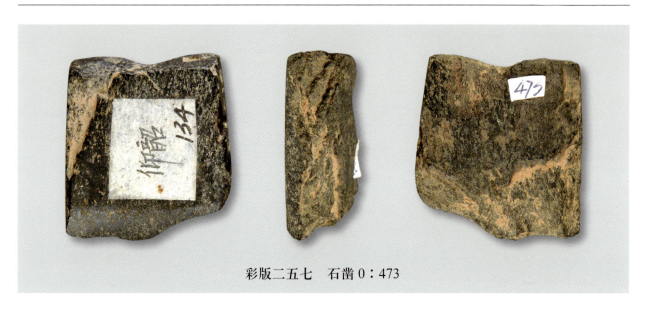

彩版二五七　石凿 0：473

　　标本 0：474，石凿。黑色。呈梯形。器身扁平。原始白纸标签上写有"仰韶"二字。采集自仰韶村。长 4.5、宽 2.8、厚 0.8 厘米（图八六，1；彩版二五八）。

　　标本 0：475，石凿。青灰色。刃部、边缘皆有残损。呈长条状。器身扁平。单面刃。原始白纸标签上写有"仰韶"二字。采集自仰韶村。长 3.9、宽 1.8、厚 0.6 厘米（图八六，2；彩版二五九）。

　　标本 0：476，石凿。黑色。上端有残损。呈长条状。器身圆浑。双面刃。采集自仰韶村。长 6、宽 2.3、厚 2.2 厘米（图八六，3；彩版二六〇）。

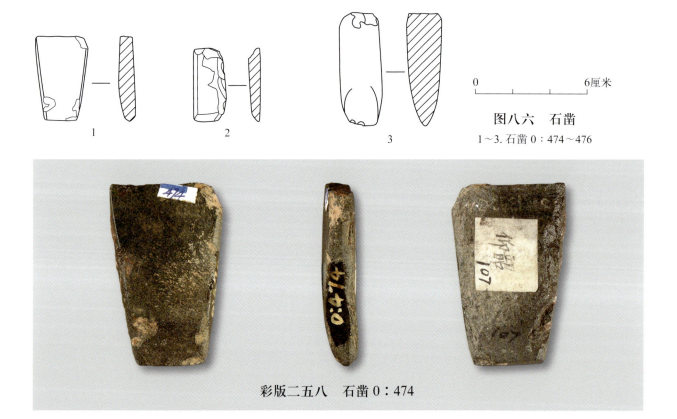

0　　　　　　　6厘米

图八六　石凿

1~3. 石凿 0：474~476

彩版二五八　石凿 0：474

彩版二五九　石凿 0：475

彩版二六〇　石凿 0：476

　　标本 0：477，石凿。黑色。刃部残缺。器身扁平。采集地点不详。残长 3.1、宽 3、厚 0.5 厘米（图八七，1；彩版二六一）。

　　标本 0：478，石凿。青灰色。上端残缺。刃部比上端略窄，刃平直。器身扁平。双面刃。采集地点不详。长 4.2、宽 2.8、厚 1.3 厘米（图八七，2；彩版二六二）。

　　标本 0：479，石凿。黑色。上端残缺，刃部有残损。器身圆浑。双面刃，刃一面斜直，一面呈弧形。采集地点不详。残长 3.5、宽 3.7、厚 2.3 厘米（图八七，3；彩版二六三）。

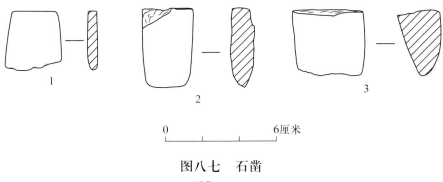

图八七　石凿

1～3. 石凿 0：477～479

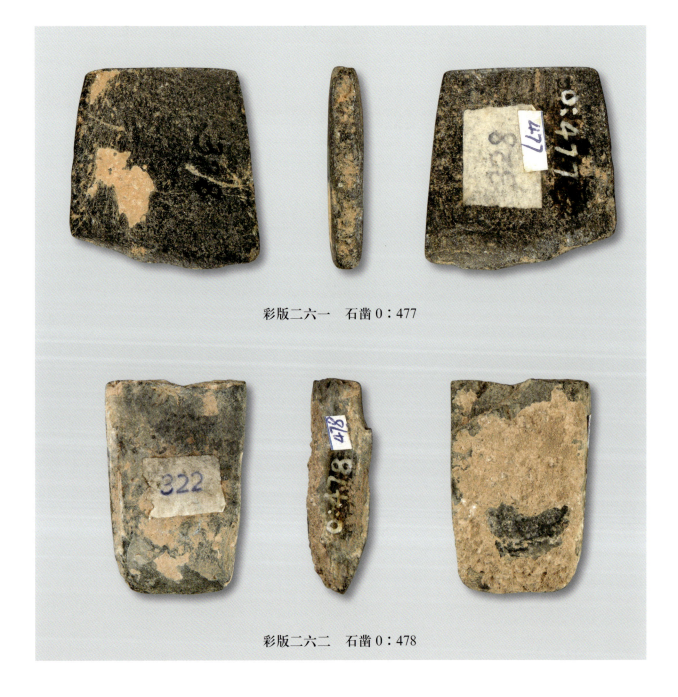

彩版二六一　石凿 0：477

彩版二六二　石凿 0：478

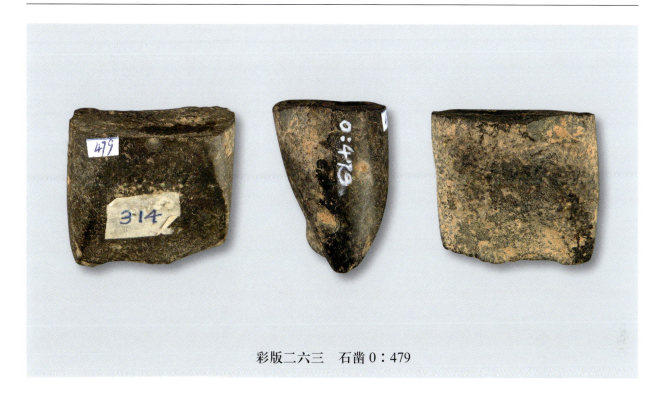

彩版二六三　石凿 0：479

标本 0：480，石凿。黑色。上端残缺。上下基本等宽。器身扁平。双面刃。采集地点不详。残长 2.8、宽 2.8、厚 0.5 厘米（图八八，1；彩版二六四）。

标本 0：481，石凿。黑色。四周边缘有残损。呈长条状。器身扁平。双面刃。采集地点不详。长 5.4、宽 2.8、厚 1.3 厘米（图八八，2；彩版二六五）。

标本 0：482，石凿。黑色。上端残缺，刃部及边缘有残损。呈长条状。器身扁平。双面刃。采集地点不详。残长 3.5、宽 2.3、厚 0.9 厘米（图八八，3；彩版二六六）。

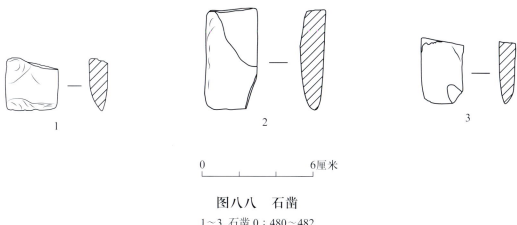

1　　　　　　　　2　　　　　　　　3

0　　　　　　6厘米

图八八　石凿

1～3. 石凿 0：480～482

彩版二六四　石凿 0：480

彩版二六五　石凿 0：481

彩版二六六　石凿 0：482

　　标本 0∶483，石凿。灰黑色。两侧有残损。呈长条状，刃部略宽。器身扁平。双面刃。采集地点不详。长 5.6、宽 3、厚 1.4 厘米（图八九，1；彩版二六七）。

　　标本 0∶484，石凿。黄灰色。一侧有残损。呈长条状，器身略呈瓦形，一面外弧，一面内弧。双面刃。采集地点不详。长 5.2、宽 2.8、厚 1.2 厘米（图八九，2；彩版二六八）。

　　标本 0∶486，石凿。黑色。刃部残缺。略呈梯形。器身扁平。采集地点不详。残长 3.5、宽 1.9、厚 1 厘米（图八九，3；彩版二六九）。

　　标本 0∶489，石凿。黑色。上端残缺。刃部较上端收窄。双面刃。采集地点不详。残长 3.3、宽 2、厚 2 厘米（图八九，4；彩版二七〇）。

　　标本 0∶490，石凿。灰黑色。上端残缺，两侧及刃部有残损。呈长条状。双面刃。采集地点不详。残长 4.5、宽 2.3、厚 2.3 厘米（图八九，5；彩版二七一）。

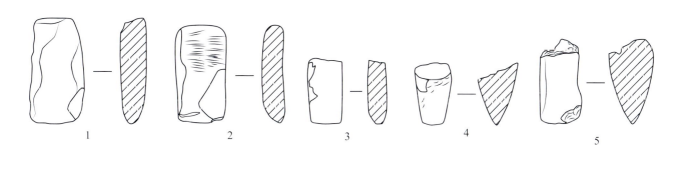

0　　　　　　　6厘米

图八九　石凿

1～5.石凿 0∶483、484、486、489、490

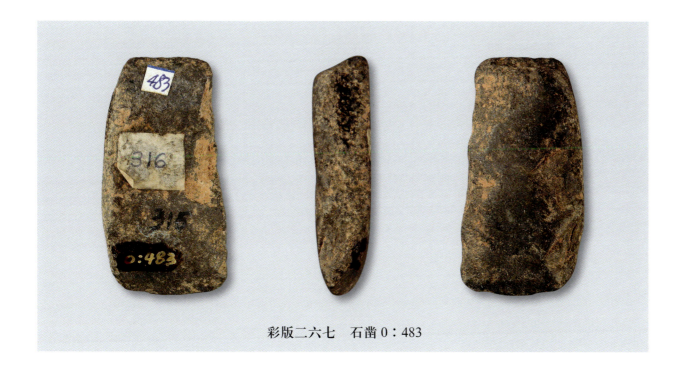

彩版二六七　石凿 0∶483

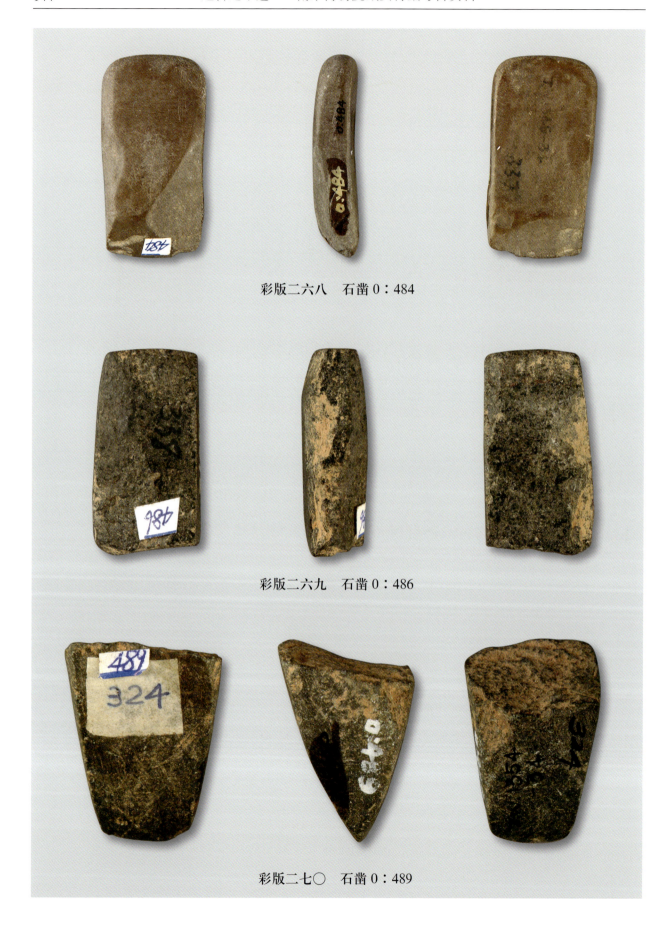

彩版二六八　石凿 0：484

彩版二六九　石凿 0：486

彩版二七〇　石凿 0：489

彩版二七一　石凿 0：490

5. 石刀

31 件。

标本 0：495，石刀。灰色。近圆角长方形。双面刃。采集自仰韶村。长 7、宽 4.7、厚 1.6 厘米（图九○，1；彩版二七二）。

标本 0：496，石刀。黑色。两侧残。双面刃。原始白纸标签上写有"仰韶"二字。采集自仰韶村。残长 5.8、宽 7.5、厚 1.3 厘米（图九○，2；彩版二七三）。

标本 0：497，石刀。灰色。长条形。一侧残缺。刃部呈弧形。双面刃。原始白纸标签上写有"仰韶"二字。采集自仰韶村。残长 8.9、宽 4.2、厚 1.1 厘米（图九○，3；彩版二七四）。

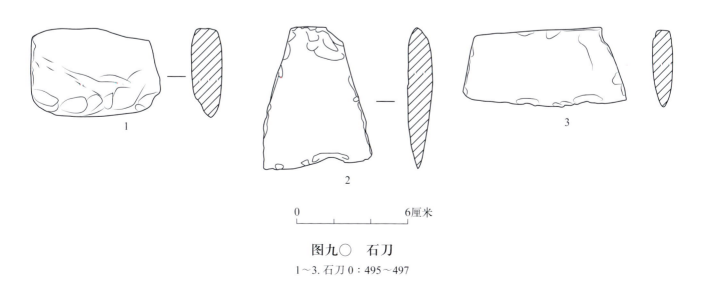

图九○　石刀

1～3. 石刀 0：495～497

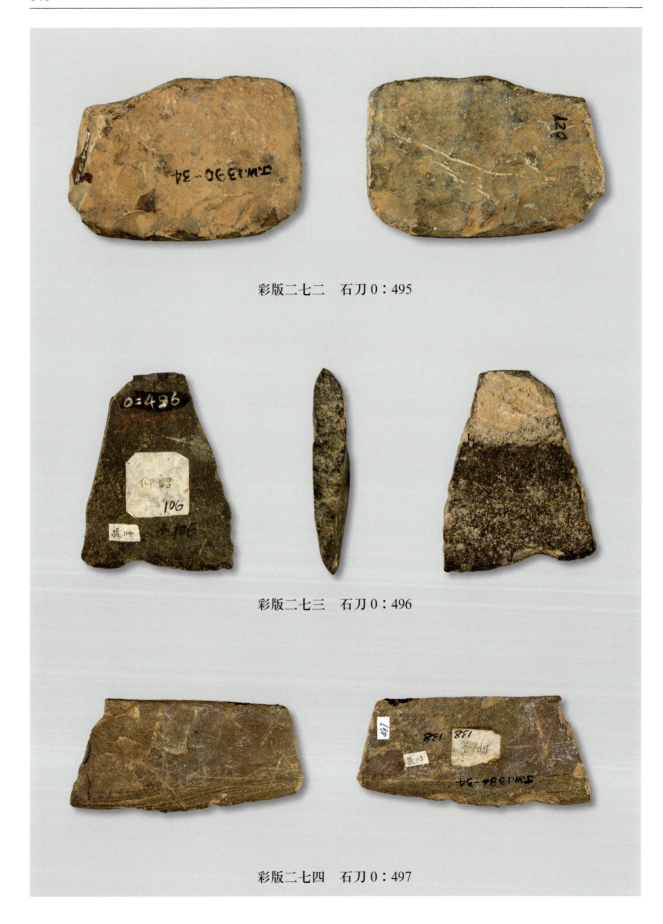

彩版二七二　石刀 0：495

彩版二七三　石刀 0：496

彩版二七四　石刀 0：497

　　标本 0 : 498，石刀。灰黑色。刀背和刃部呈圆弧形。一侧残缺，刃部有使用形成的残损。双面刃。采集自仰韶村。残长 7.9、宽 4.3、厚 1.1 厘米（图九一，1；彩版二七五）。

　　标本 0 : 499，石刀。灰黑色。近椭圆形。双面刃。采集自仰韶村。长 6、宽 3.9、厚 1 厘米（图九一，2；彩版二七六）。

　　标本 0 : 500，石刀。灰黑色。近椭圆形。两侧及刃部有残损。双面刃。原始白纸标签上写有"仰韶"二字。采集自仰韶村。长 8.4、宽 4.8、厚 0.9 厘米（图九一，3；彩版二七七）。

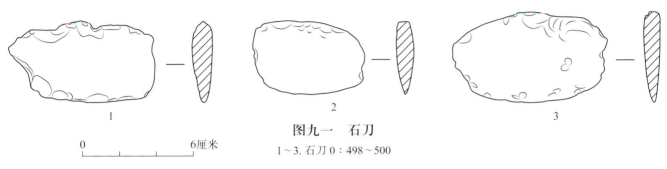

0　　　　　　　　6厘米

图九一　石刀

1～3. 石刀 0 : 498～500

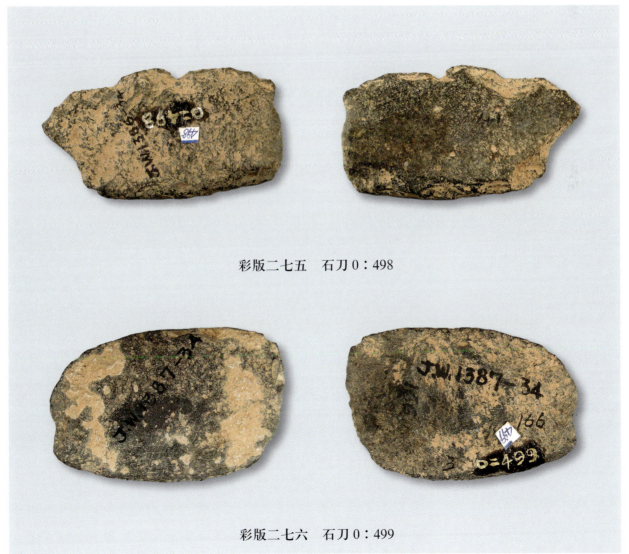

彩版二七五　石刀 0 : 498

彩版二七六　石刀 0 : 499

彩版二七七　石刀 0：500

　　标本 0：501，石刀。灰黑色。刃部呈圆弧形。双面刃。原始白纸标签上写有"仰韶"二字。采集自仰韶村。长 7.4、宽 4.1、厚 0.9 厘米（图九二，1；彩版二七八）。

　　标本 0：502，石刀。灰色。一侧残缺。双面刃。采集自仰韶村。残长 2.8、宽 4、厚 1.3 厘米（图九二，2；彩版二七九）。

　　标本 0：503，石刀。灰黑色。残。残器呈三角形。双面刃。原始白纸标签上写有"渑池县仰韶村"。采集自仰韶村。残长 3.2、宽 4、厚 0.8 厘米（图九二，3；彩版二八〇）。

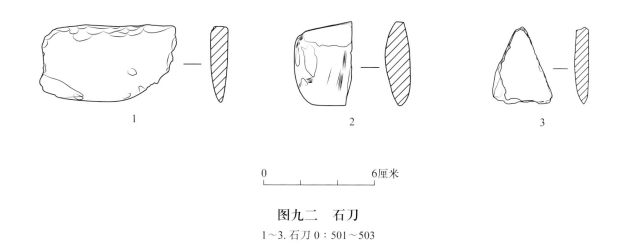

0　　　　　　　　6厘米

图九二　石刀

1～3. 石刀 0：501～503

彩版二七八　石刀 0：501

彩版二七九　石刀 0：502

彩版二八〇　石刀 0：503

标本 0：504，石刀。青灰色。一侧残。刃部平直。未残一侧也磨出刃口。双面刃。采集自仰韶村。残长 4.8、宽 2.4、厚 0.4 厘米（图九三，1；彩版二八一）。

标本 0：505，石刀。青灰色。一侧残缺。刃部呈圆弧形，有使用形成的残损。双面刃。原始白纸标签上写有"仰韶"二字。采集自仰韶村。残长 5、宽 4.5、厚 0.7 厘米（图九三，2；彩版二八二）。

标本 0：506，石刀。青灰色。一侧残缺。刃部呈圆弧形。双面刃。原始白纸标签上写有"仰韶"二字。采集自仰韶村。残长 3.9、宽 5.4、厚 1.2 厘米（图九三，3；彩版二八三）。

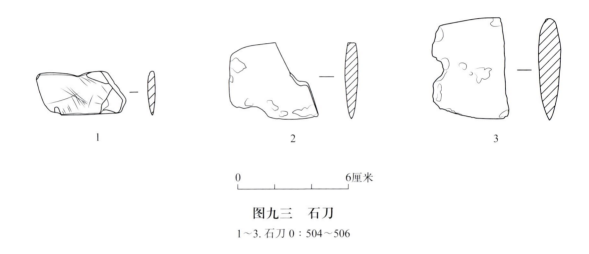

图九三　石刀
1～3. 石刀 0：504～506

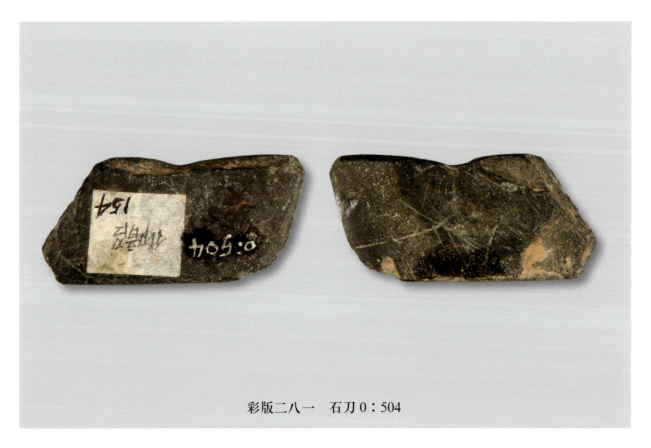

彩版二八一　石刀 0：504

彩版二八二　石刀 0：505

彩版二八三　石刀 0：506

　　标本 0：507，石刀。青灰色。两侧残缺，刃部有使用形成的残损。双面刃。原始白纸标签上写有"仰韶"二字。采集自仰韶村。残长 3.3、宽 5.4、厚 0.9 厘米（图九四，1；彩版二八四）。

　　标本 0：508，石刀。灰黑色。一侧残缺，刃部有使用形成的残损。双面刃。原始白纸标签上写有"渑池县仰韶村"。采集自仰韶村。残长 5.2、宽 3.2、厚 1 厘米（图九四，2；彩版二八五）。

　　标本 0：509，石刀。青灰色。三面残缺。单面刃。原始白纸标签上写有"仰韶"二字。采集自仰韶村。长 5、宽 4.2、厚 0.7 厘米（图九四，3；彩版二八六）。

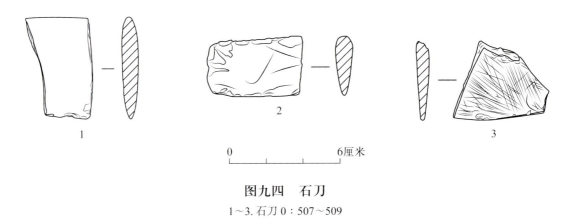

图九四　石刀

1~3. 石刀 0：507~509

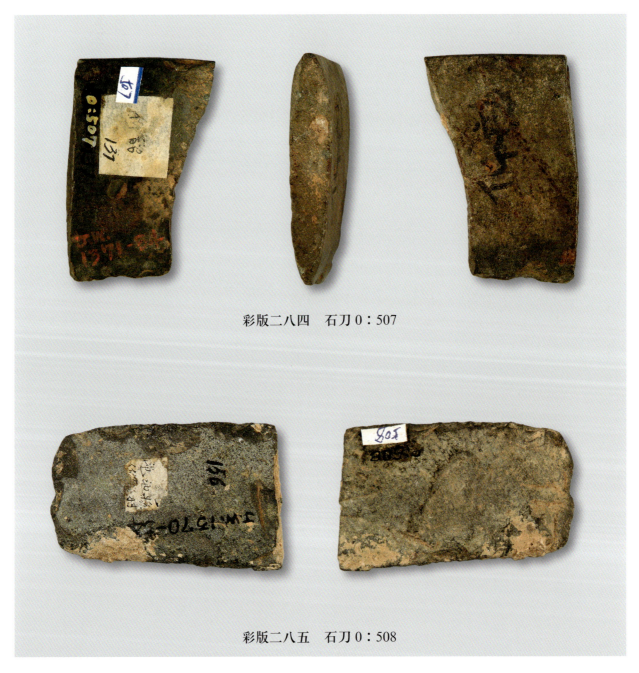

彩版二八四　石刀 0：507

彩版二八五　石刀 0：508

彩版二八六　石刀 0：509

标本 0：510，石刀。黑色。一侧残缺，另外三侧残损。原始白纸标签上写有"渑池县仰韶村"。采集自仰韶村。残长 4.1、宽 4.5、厚 1.2 厘米（图九五，1；彩版二八七）。

标本 0：511，石刀。灰黑色。残。双面刃。原始白纸标签上写有"仰韶"二字。采集自仰韶村。残长 4.3、残宽 4.3、厚 0.9 厘米（图九五，2；彩版二八八）。

标本 0：512，石刀。黑色。一侧残缺。双面刃。原始白纸标签上写有"仰韶"二字。采集自仰韶村。残长 6.3、宽 3.1、厚 0.4 厘米（图九五，3；彩版二八九）。

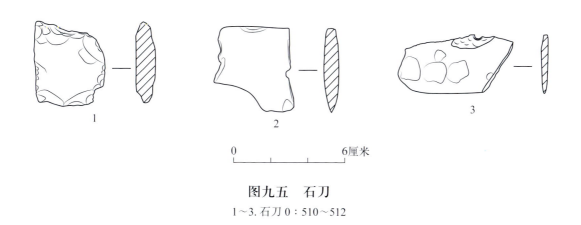

图九五　石刀
1～3. 石刀 0：510～512

彩版二八七　石刀 0：510

彩版二八八　石刀 0：511

彩版二八九　石刀 0：512

　　标本 0：513，石刀。灰黑色。残。残器近似长方形。单面刃。原始白纸标签上写有"仰韶"二字。采集自仰韶村。残长 9.5、宽 5.1、厚 0.9 厘米（图九六，1；彩版二九〇）。

　　标本 0：514，石刀。青灰色。近似长方形。三面有刃。单面刃。采集自仰韶村。长 5.6、宽 3.3、厚 0.5 厘米（图九六，2；彩版二九一）。

　　标本 0：515，石刀。青灰色。一侧残缺，似有穿孔。单面刃。原始白纸标签上写有"仰韶"二字。采集自仰韶村。残长 6.5、宽 4.4、厚 0.9 厘米（图九六，3；彩版二九二）。

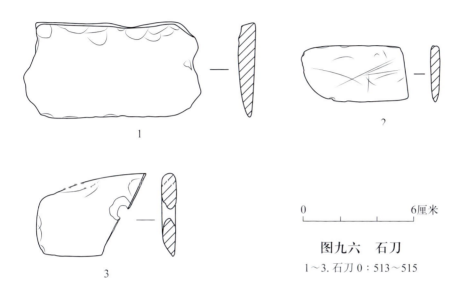

0　　　　　　6厘米

图九六　石刀

1~3. 石刀 0：513~515

彩版二九〇　石刀 0：513

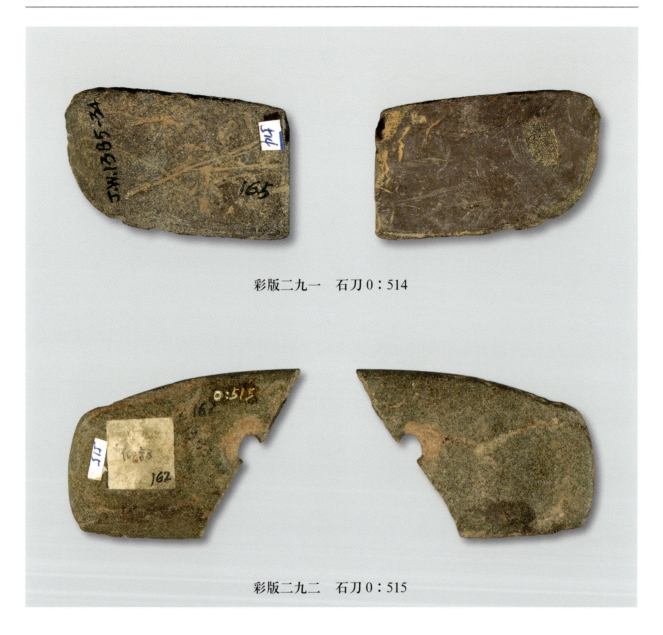

彩版二九一　石刀 0：514

彩版二九二　石刀 0：515

标本 0：516，石刀。灰色。一侧残缺。刀背平直，刃部呈圆弧状。带穿孔，自穿孔处断裂。双面刃。采集自仰韶村。残长 6、宽 4.8、厚 0.9 厘米（图九七，1；彩版二九三）。

标本 0：517，石刀。灰色。两侧残缺。刀背及刃部皆平直。双面刃。原始白纸标签上写有"仰韶"二字。采集自仰韶村。残长 5.9、宽 5.5、厚 0.6 厘米（图九七，2；彩版二九四）。

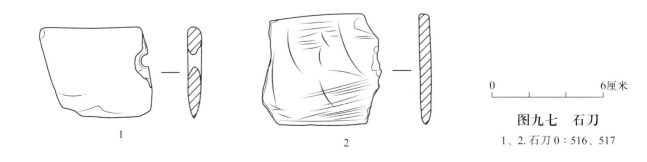

图九七　石刀

1、2. 石刀 0：516、517

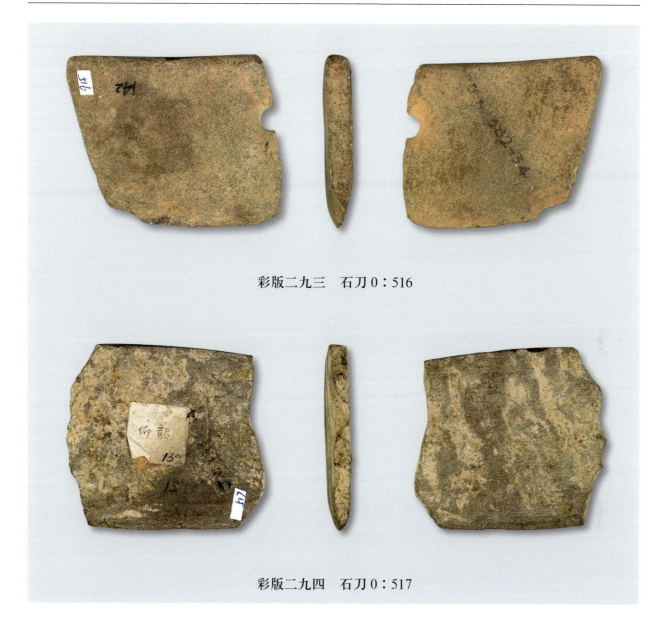

彩版二九三　石刀 0：516

彩版二九四　石刀 0：517

标本 0：518，石刀。灰黑色。刃部及边缘一侧有使用形成的残损。双面刃。原始白纸标签上写有"渑池县仰韶村"。采集自仰韶村。残长 5.2、宽 4.6、厚 0.7 厘米（图九八，1；彩版二九五）。

标本 0：519，石刀。黑色。两侧残缺。双面刃。采集自仰韶村。残长 5.5、宽 5.1、厚 1 厘米（图九八，2；彩版二九六）。

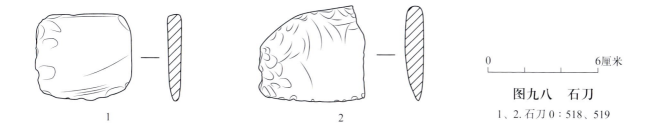

图九八　石刀

1、2. 石刀 0：518、519

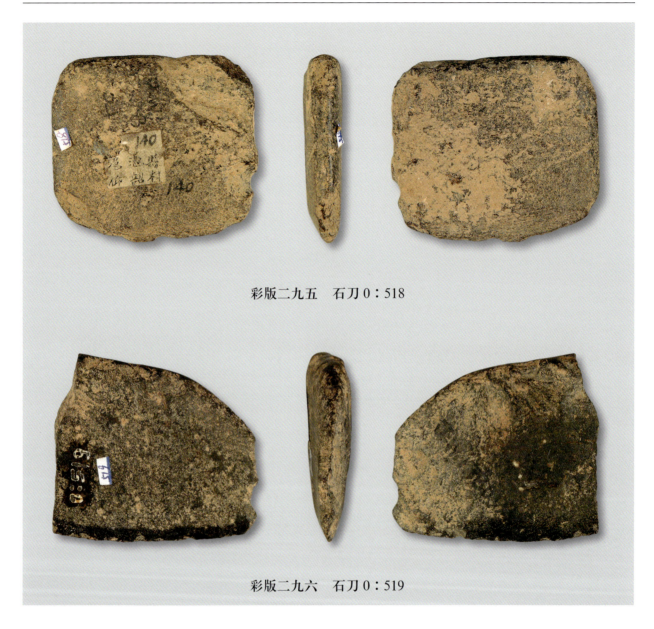

彩版二九五　石刀 0∶518

彩版二九六　石刀 0∶519

　　标本 0∶520，石刀。青灰色。一侧残缺。双面刃。原始白纸标签上写有"仰韶"二字。采集自仰韶村。残长 6、宽 4.9、厚 0.9 厘米（图九九，1；彩版二九七）。

　　标本 0∶521，石刀。黑色。两侧及刃部残缺。刀背平直。有穿孔痕迹。原始白纸标签上写有"渑池县仰韶村"。采集自仰韶村。残长 5.7、宽 3.9、厚 0.4 厘米（图九九，2；彩版二九八）。

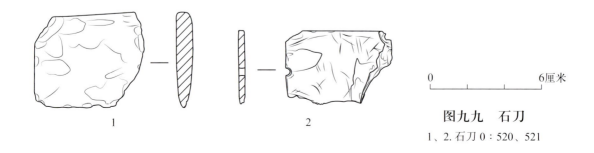

图九九　石刀

1、2. 石刀 0∶520、521

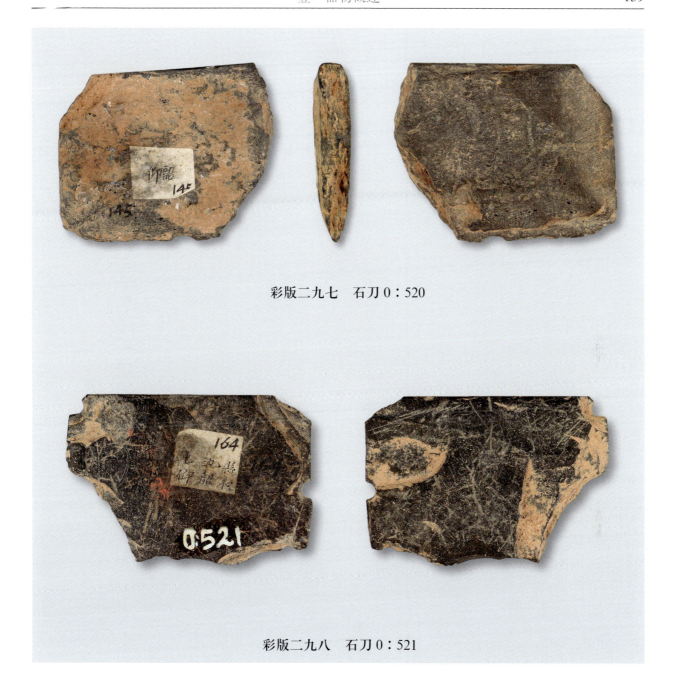

彩版二九七　石刀 0：520

彩版二九八　石刀 0：521

　　标本 0：522，石刀。灰黑色。有两侧残缺。双面刃。采集地点不详。残长 2.3、宽 4.3、厚 0.7 厘米（图一〇〇，1；彩版二九九）。

　　标本 0：523，石刀。青灰色。一侧残缺。双面刃。采集地点不详。残长 3.1、宽 3.8、厚 0.5 厘米（图一〇〇，2；彩版三〇〇）。

　　标本 0：524，石刀。灰黑色。一侧残缺。刀背平直，刃部呈圆弧形。双面刃。原始白纸标签上写有"仰韶"二字。采集自仰韶村。残长 5.2、宽 4.7、厚 1.1 厘米（图一〇〇，3；彩版三〇一）。

　　标本 0：525，石刀。黑色。一侧残缺。双面刃。采集自仰韶村。残长 5、宽 4.3、厚 1.4 厘米（图一〇〇，4；彩版三〇二）。

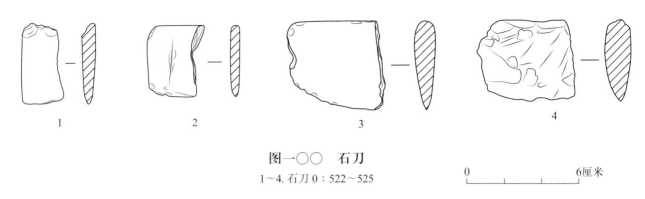

图一〇〇　石刀

1～4. 石刀 0：522～525

彩版二九九　石刀 0：522

彩版三〇〇　石刀 0：523

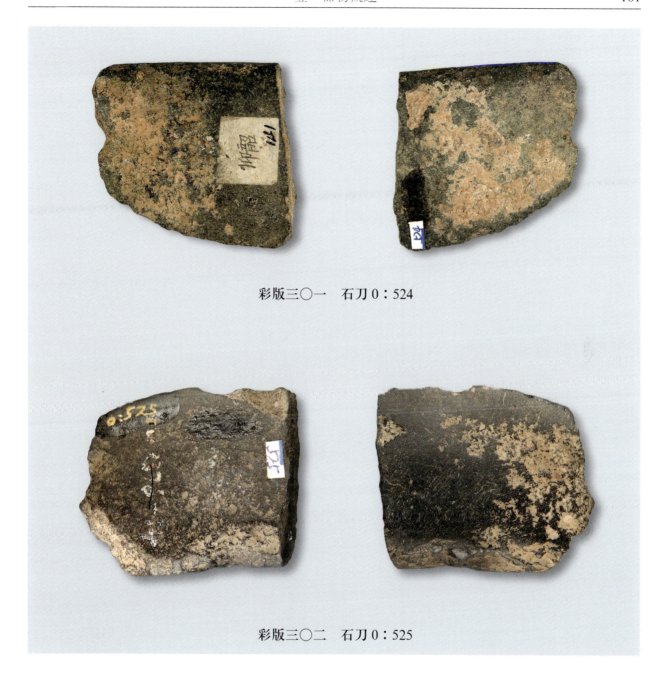

彩版三〇一　石刀 0：524

彩版三〇二　石刀 0：525

6. 其他石器

3 件。

标本 0：541，残石器。黑色。四周已残损，呈饼形。器身扁平。贴有原始白纸标签两张，一张写有"宣化"二字；一张写有"直隶宣化县……"。采集自河北宣化县（今宣化区）南崔家梁。长 7.7、宽 6.6、厚 2.6 厘米（图一〇一，1；彩版三〇三）。

标本 0：542，磨石。黑色。略呈长方形。两面磨光。采集自热河。长 9、宽 3.6、厚 2.5 厘米（图一〇一，2；彩版三〇四）。

标本 0：544，穿孔石器。灰色。一端残损。残器近方形。圆孔居中。无刃口。原始白纸标签上写有"宣化"二字。采集自宣化。残高 7.4、宽 8.9、厚 6.7 厘米（图一〇一，3；彩版三〇五）。

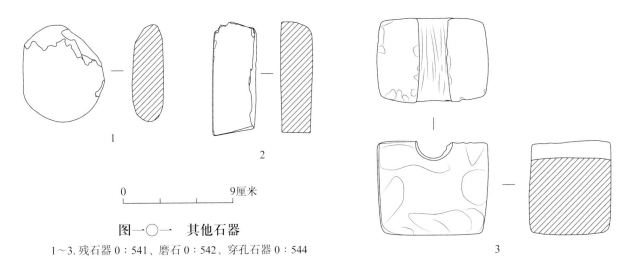

图一〇一　其他石器

1～3. 残石器 0：541、磨石 0：542、穿孔石器 0：544

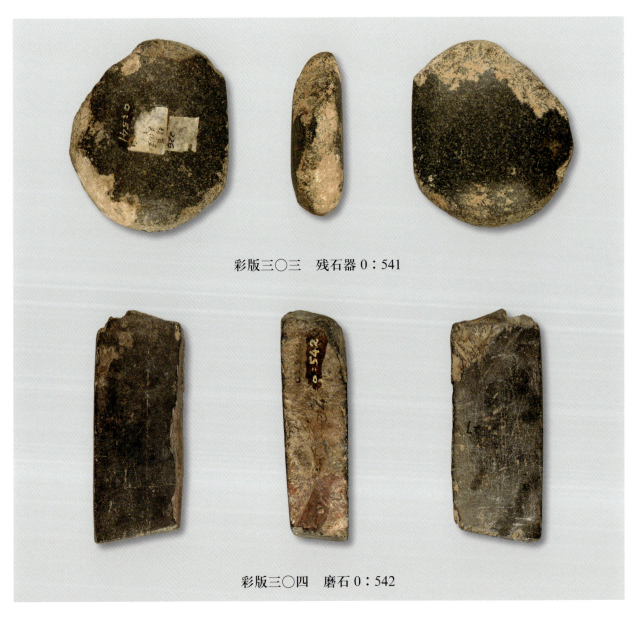

彩版三〇三　残石器 0：541

彩版三〇四　磨石 0：542

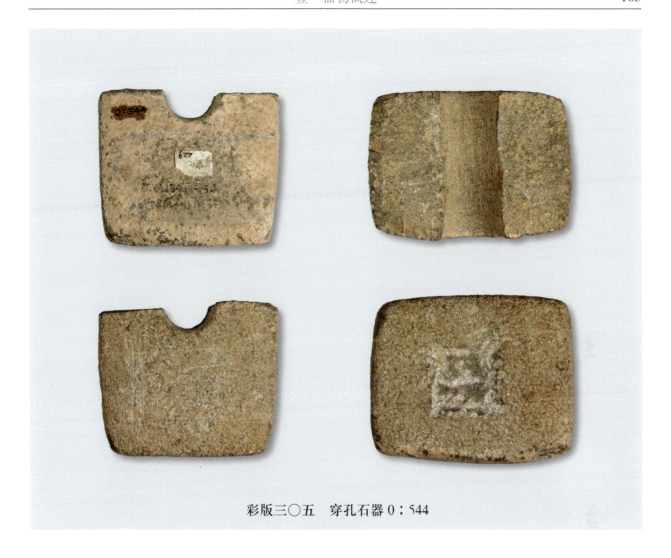

彩版三〇五 穿孔石器 0：544

二 陶器

陶罐

28 件。

标本 1：5，双耳彩陶罐。泥质红陶。侈口，圆唇，束颈，溜肩，鼓腹，腹两侧各有一桥形系，下腹弧收，平底。腹上半部饰有黑色彩绘图案，局部脱落。上半部图案由粗细相间的垂弧条带组成，两组条带相交形成尖弧形，粗细条带之间饰以细斜线纹，下饰一条细条带和一周水波纹带。器底有墨书"半"字及原"中央博物院"JW 开头的编号。口径 16.5、底径 13.2、高 34.9 厘米（图一〇二，1；彩版三〇六）。

标本 1：6，双耳彩陶罐。泥质红陶。侈口，圆唇，束颈，弧肩，鼓腹，腹两侧各有一桥形系，下腹斜收，平底。内口饰黑色双垂弧条带纹彩绘图案，以短竖条带分隔；颈、腹上半部饰有五组红、黑双色相间垂弧条带彩绘图案，其中上部四组中黑色条带有锯齿纹，图案最下饰有一条黑色条带。器底有墨书"半"字及原"中央博物院"JW 开头的编号。口径 18.4、底径 13、高 33.7 厘米（图一〇二，2；彩版三〇七）。

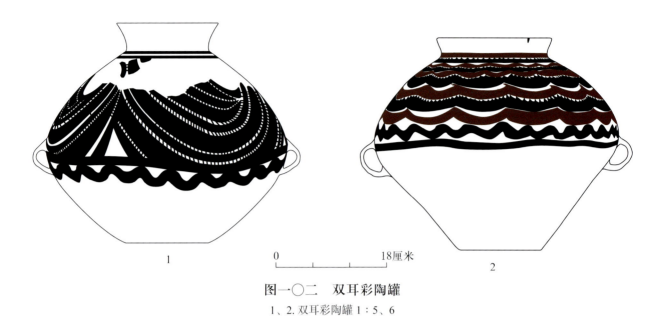

0 ————————— 18厘米

图一○二　双耳彩陶罐
1、2. 双耳彩陶罐 1：5、6

彩版三○六　双耳彩陶罐 1：5

彩版三〇七 双耳彩陶罐 1∶6

标本 1∶7，双耳彩陶罐。泥质红陶。侈口，圆唇，卷沿外翻，束颈，弧肩，鼓腹，腹两侧各有一桥形系，下腹斜收，平底。内口饰黑色垂弧条带纹彩绘图案，颈饰红色网格纹，腹上半部饰有红、黑双色彩绘图案，红色绘葫芦形纹饰，内填红色网格纹，葫芦形饰之间施黑彩，用镂空技法处理出梭形叶纹。器底有墨书"半"字及原"中央博物院"JW 开头的编号。口径 16、底径11.9、高 34.7 厘米（图一〇三，1；彩版三〇八）。

　　标本1∶9，双耳彩陶罐。泥质红陶。侈口，圆唇，束颈，弧肩，鼓腹，腹两侧各有一桥形系，下腹斜收，平底。内口饰黑色双垂弧条带纹彩绘图案，以短竖条带分隔；颈、腹上半部饰红、黑双色相间漩涡纹。主漩涡纹用红彩绘制，漩涡上下绘黑色弧齿带纹、红色弧曲线纹，黑色弧曲纹一侧有锯齿纹，漩涡纹下饰有一条黑色条带和水波纹带。器底有墨书"半"字及原"中央博物院"JW开头的编号，并写有英文"Ning Ting Hsien Wa Kuan Tsui Bought"（购于宁定县瓦罐嘴），"K5175""P"。口径17.8、底径15、高31.6厘米（图一〇三，2；彩版三〇九）。

　　标本1∶10，双耳彩陶罐。泥质红陶。侈口，圆唇，束颈，弧肩，鼓腹，腹两侧各有一桥形系，下腹斜收，平底。外饰红、黑色彩绘。主纹饰为红色葫芦形纹饰，内填红色网格纹，葫芦之间为黑彩，用镂空技法处理出梭形叶纹，下有一周黑色条带和水波纹带。器底有墨书"半"字及原"中央博物院"JW开头的编号。口径16.6、底径12、高34厘米（图一〇四，1；彩版三一〇）。

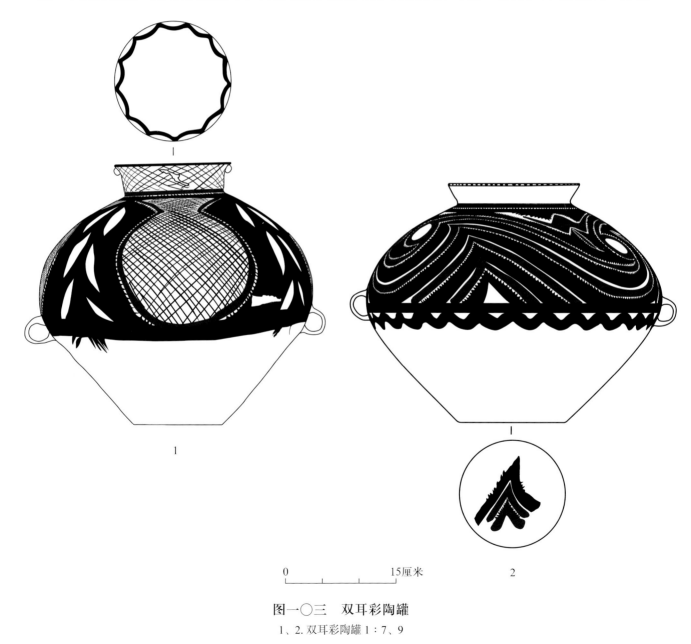

图一〇三　双耳彩陶罐

1、2.双耳彩陶罐1∶7、9

彩版三〇八　双耳彩陶罐 1：7

彩版三〇九　双耳彩陶罐 1：9

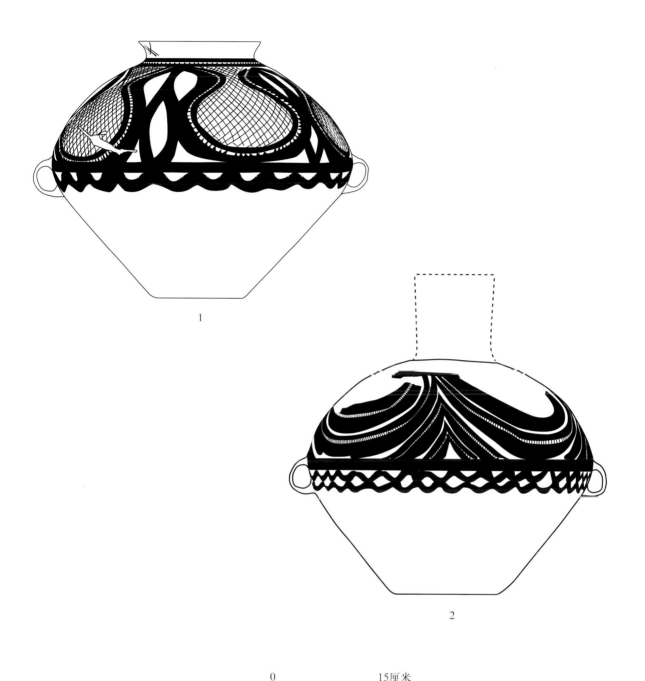

0　　　　　　　　　15厘米

图一〇四　双耳彩陶罐
1、2.双耳彩陶罐 1：10、12

　　标本 1：12，双耳彩陶罐。泥质红陶。口部残损，已修复。弧肩，鼓腹，腹两侧各有一桥形系，下腹斜收，平底。外饰粗细条带相间的黑色漩涡纹，粗细条带之间夹饰斜线纹，漩涡纹下饰有一条黑色条带和两条水波纹带。器底有墨书"半"字及原"中央博物院"JW 开头的编号，并写有英文墨书，已磨损不清，依稀可辨"Ning Ding""Kuan"，推测应是宁定县瓦罐嘴。口径10.9、底径15.6、高42.3厘米（图一〇四，2；彩版三一一）。

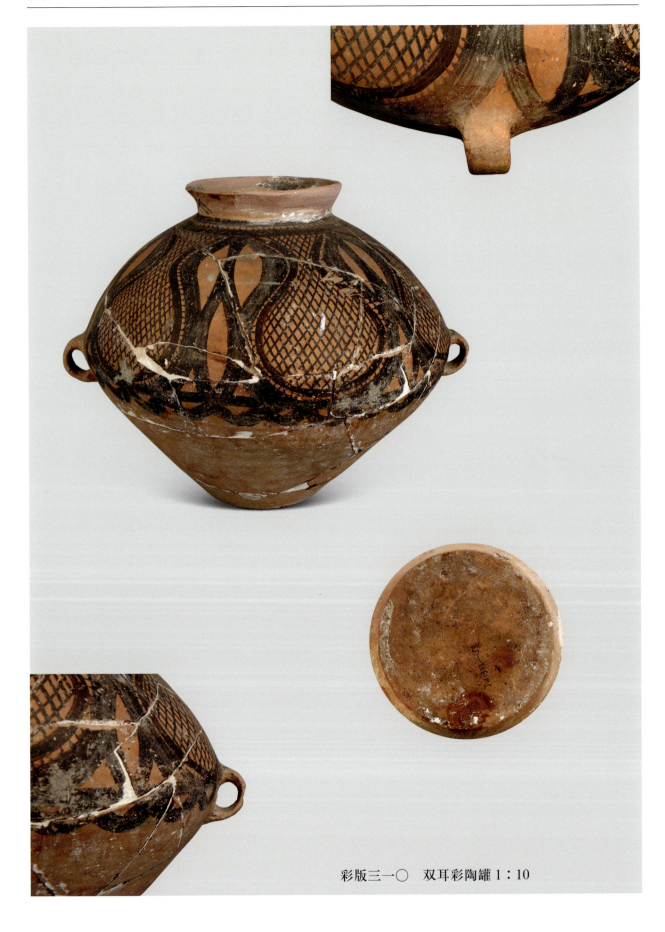

彩版三一○　双耳彩陶罐 1：10

彩版三一一　双耳彩陶罐 1：12

标本 1:13，双耳彩陶罐。泥质红陶。敞口，圆唇，长直颈，溜肩，鼓腹，腹两侧各有一桥形系，下腹斜收，平底。颈饰黑色网格纹，腹上半部饰粗细条带相间的黑色漩涡纹，粗细条带之间夹饰斜线纹，漩涡纹下饰有一条黑色条带和一条水波纹带。器底有墨书"半"字及原"中央博物院"JW 开头的编号，并写有英文墨书"Bought in⋯ NingTing Hsien⋯"，分三行，省略部分已磨损不清，大致是购于宁定县某地之意。口径 13、底径 14.5、高 38.4 厘米（图一〇五，1；彩版三一二）。

标本 1:14，双耳彩陶罐。泥质红陶。口沿残，长直颈，弧肩，鼓腹，腹两侧各有一桥形系，下腹斜收，平底。腹上半部饰粗细条带相间的红、黑色凸弧带纹，红色带较粗，其间夹饰四条等距黑色细条带，凸弧带纹下为两条黑色平行条带纹夹两道水波纹带。器底有墨书"半"字，其余已不清。口径 11、底径 11.7、高 40.6 厘米（图一〇五，2；彩版三一三）。

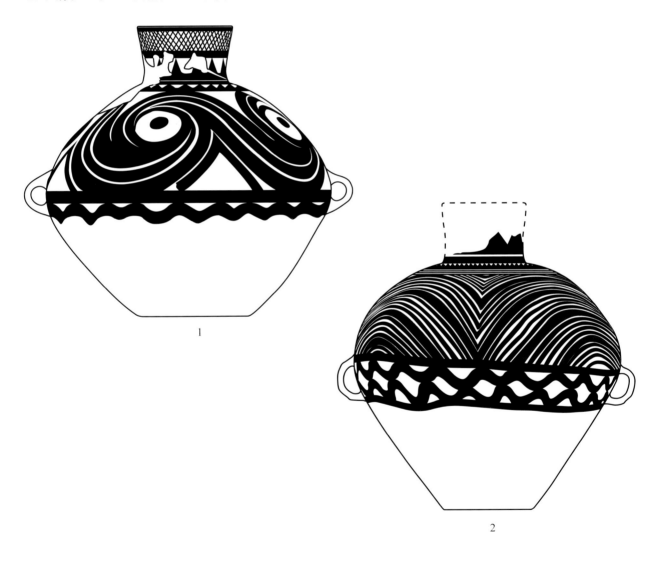

1

2

0　　　　　　　15厘米

图一〇五　双耳彩陶罐

1、2. 双耳彩陶罐 1:13、14

彩版三一二　双耳彩陶罐 1∶13

彩版三一三　双耳彩陶罐 1∶14

　　标本 1∶15，双耳彩陶罐。泥质红陶。直口，圆唇，短直颈，弧肩，鼓腹，腹两侧各有一桥形系，下腹斜收，平底。颈饰黑色条带纹，腹上半部饰黑色条带纹，每组条带纹由一光滑条带纹和两条带锯齿的条带纹组成，其中最下一组带锯齿条带之下为水波纹带，最后饰一圈黑色条带。器底有墨书"半"字及原"中央博物院"JW 开头的编号。口径 7.4、底径 8.4、高 22.4 厘米（图一〇六，1；彩版三一四）。

　　标本 1∶17，双耳彩陶罐。泥质红陶。直口，圆唇，直颈，弧肩，鼓腹，腹两侧各有一桥形系，下腹斜收，平底。颈饰红、黑色条带纹加网格纹，腹上半部饰红、黑色相间条带纹，中间有圆圈填网格和"米"字纹，最下饰一条黑色水波纹带。器底有墨书"半"字及原"中央博物院"JW 开头的编号。口径 9.8、底径 10.8、高 31.7 厘米（图一〇六，2；彩版三一五）。

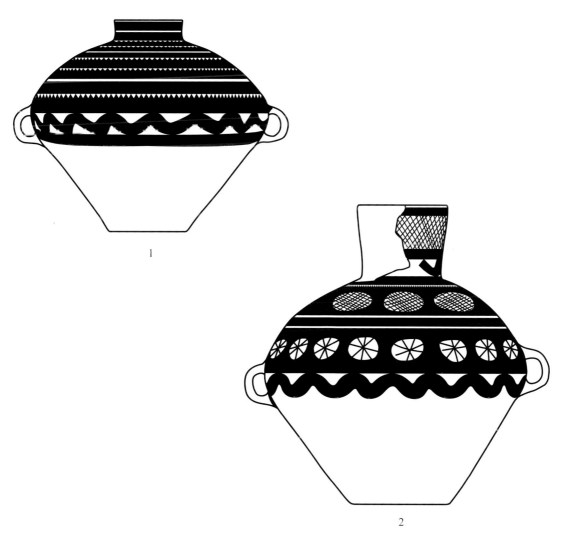

0　　　　　　　12厘米

图一〇六　双耳彩陶罐

1、2. 双耳彩陶罐 1∶15、17

彩版三一四　双耳彩陶罐 1 : 15

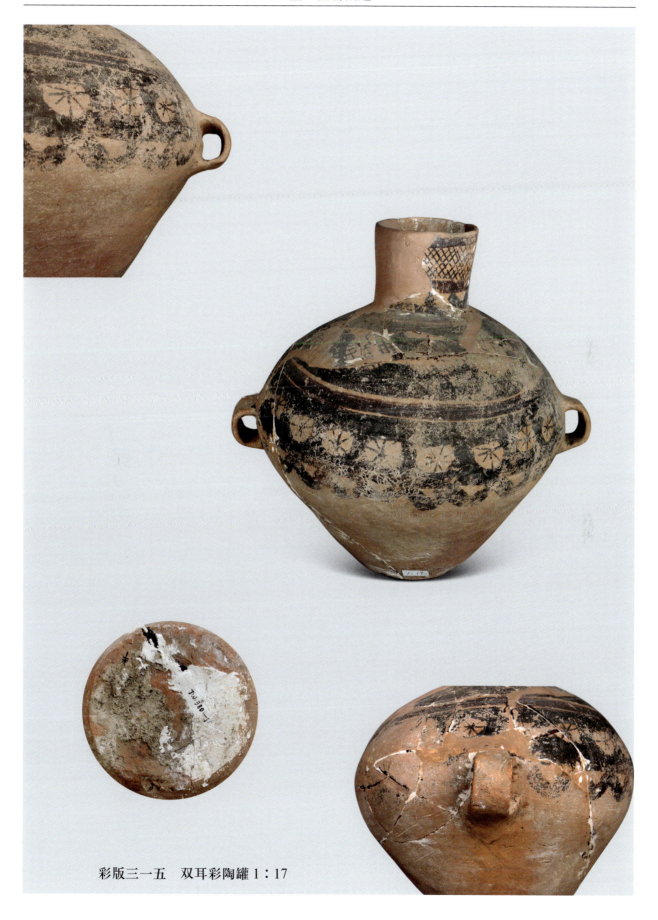

彩版三一五　双耳彩陶罐 1：17

标本1:44，双耳彩陶罐。泥质红陶。侈口，圆唇，束颈，溜肩，鼓腹，腹两侧各有一桥形系，下腹斜收，平底。腹上半部饰红、黑色相间条带纹，大部脱落不清。条带局部有锯齿纹，下饰两条黑色水波纹带。器底有墨书"马"字及原"中央博物院"JW开头的编号。口径16.2、底径10.7、高23厘米（图一〇七，1；彩版三一六）。

标本1:45，双耳彩陶罐。泥质红陶。侈口，圆唇，束颈，溜肩，鼓腹，腹两侧各有一桥形系，下腹斜收，平底。腹上半部饰黑色条带纹，大部脱落不清。上腹及下腹部各见一周圆圈纹，中间有一周黑色带锯齿纹条带，下部圆圈纹中饰平行线纹。口径15.4、底径10.5、高21.1厘米（图一〇七，2；彩版三一七）。

标本1:48，双耳彩陶罐。泥质红陶。侈口，尖唇，长束颈，溜肩，有对称双系，鼓腹，下腹斜收，平底。颈部图案为方形露胎的横竖条带纹垂直交叉形纹，腹上半部饰有两组黑色细条带"×"形交错纹，其中填多条黑条带组成的回形纹。器底有墨书"马"字及原"中央博物院"JW开头的编号。并写有"P""K"后面带数字编号，略模糊，初步辨认为5248。口径9.4、底径6.8、高15.6厘米（图一〇七，3；彩版三一八）。

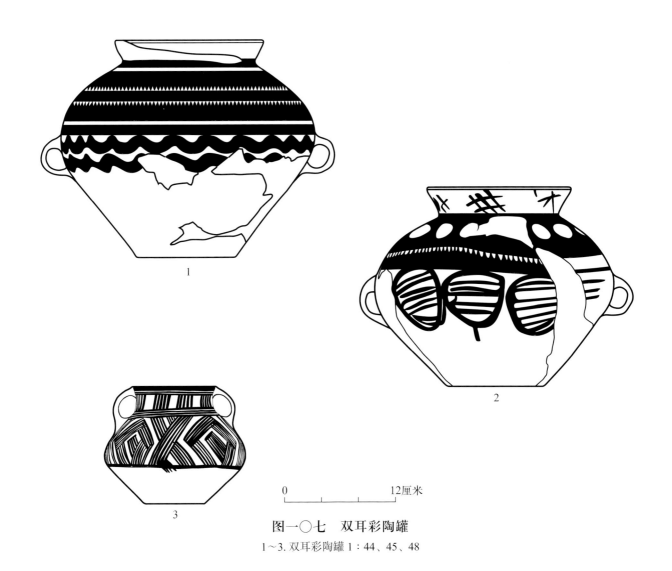

0　　　　　　　12厘米

图一〇七　双耳彩陶罐

1～3.双耳彩陶罐1:44、45、48

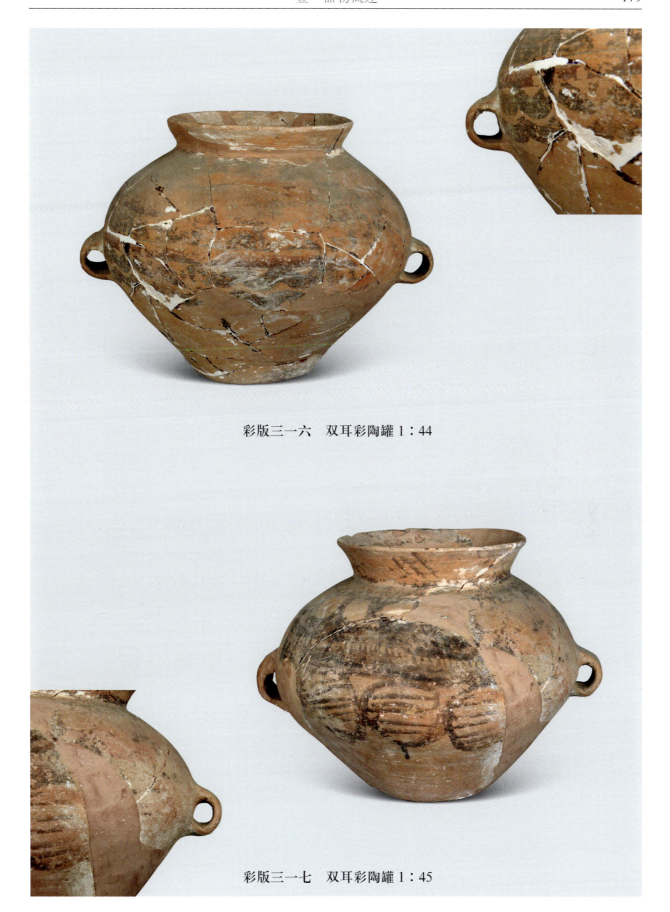

彩版三一六　双耳彩陶罐 1∶44

彩版三一七　双耳彩陶罐 1∶45

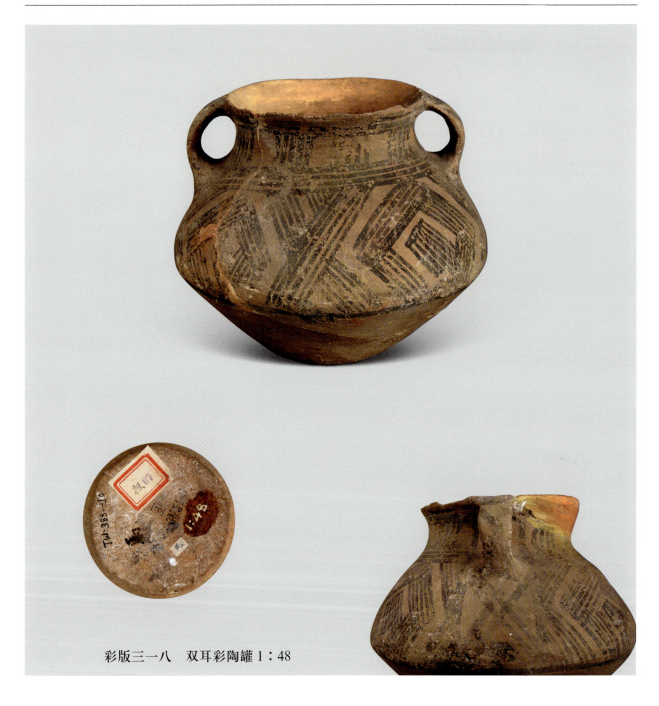

彩版三一八　双耳彩陶罐 1∶48

　　标本 1∶51，双耳彩陶罐。泥质红陶。敞口，圆唇，长束颈，斜肩，鼓腹，腹两侧各有一桥形系，下腹斜收，平底。颈部饰多道黑色条带纹，腹上半部饰黑色牛角形卷曲条带纹，下有一周黑色细条带纹。下腹部施绳纹。器底有墨书"辛"字及原"中央博物院"JW 开头的编号。口径20.4、底径10.8、高45.1厘米（图一○八，1；彩版三一九）。

　　标本 1∶52，双耳彩陶罐。泥质红陶。敞口，圆唇，长束颈，斜肩，鼓腹，腹两侧各有一桥形系，下腹斜收，平底。颈部饰多道黑色条带纹，腹上半部上下各饰一道黑色细条带纹，中部纹饰不清，局部可见卷曲状条带纹。器底有墨书"辛"字及原"中央博物院"JW 开头的编号。口径15.7、底径15.6、高35.3厘米（图一○八，2；彩版三二○）。

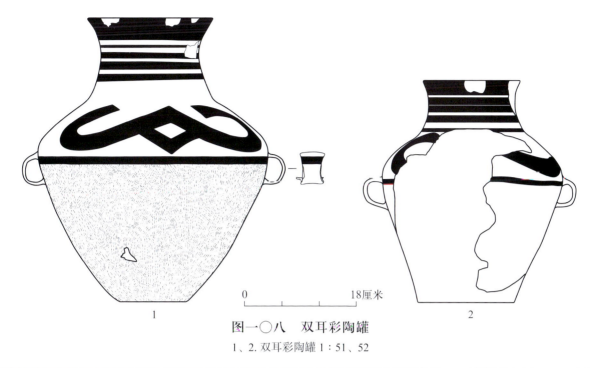

图一〇八　双耳彩陶罐

1、2. 双耳彩陶罐 1：51、52

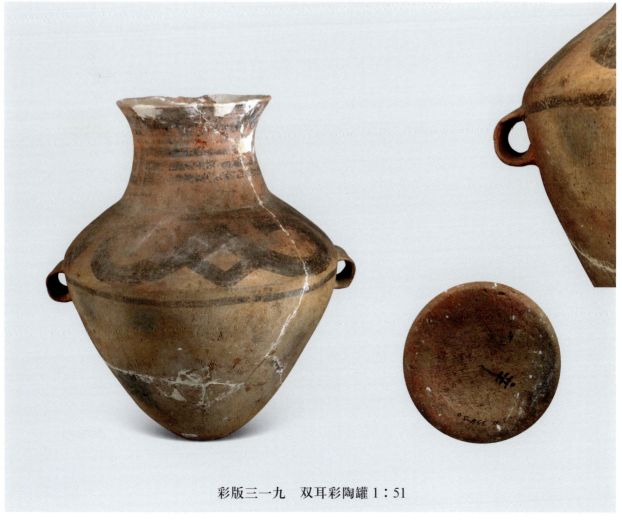

彩版三一九　双耳彩陶罐 1：51

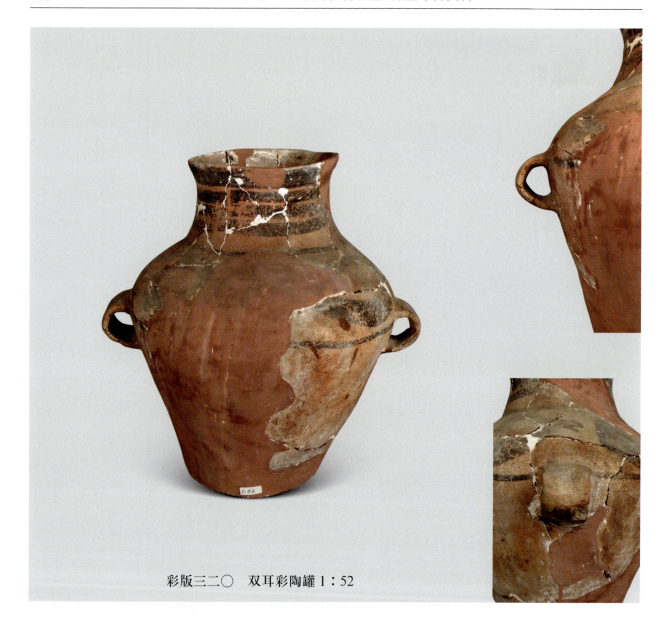

彩版三二〇　双耳彩陶罐 1∶52

标本 1∶53，双耳彩陶罐。泥质红陶。口沿残，长直颈，斜肩，鼓腹，腹两侧各有一桥形系，下腹斜收，平底。颈部饰多道黑色条带纹。腹上下皆可见黑色单彩图案。纹饰多不完整，上半部可见相对半椭圆形条带纹，下半部仅可见竖形条带纹。器底有墨书原"中央博物院"JW 开头的编号。口径 13.4、底径 12、高 34.1 厘米（图一〇九，1；彩版三二一）。

标本 1∶54，彩陶罐。泥质红陶。敞口，圆唇，长束颈，斜肩，鼓腹，下腹弧收，平底。颈部饰多道黑色条带纹，腹上半部饰黑色条带纹，中夹"〜"形条带卷云纹，余不清。器底有墨书"辛"字。口径 11.4、底径 7.2、高 22.5 厘米（图一〇九，2；彩版三二二）。

标本 1∶55，双耳彩陶罐。泥质红陶。侈口，圆唇，长束颈，斜肩，鼓腹，腹两侧各有一桥形系，下腹斜收，平底。颈部饰两道黑色条带纹，腹上半部饰黑色牛角形卷曲条带纹。下腹部施绳纹。器底有墨书"辛"字，原"中央博物院"JW 开头的编号，"K5815""P"，残留数个英文字母，其含义已不清。口径 14.5、底径 12.8、高 33.4 厘米（图一〇九，3；彩版三二三）。

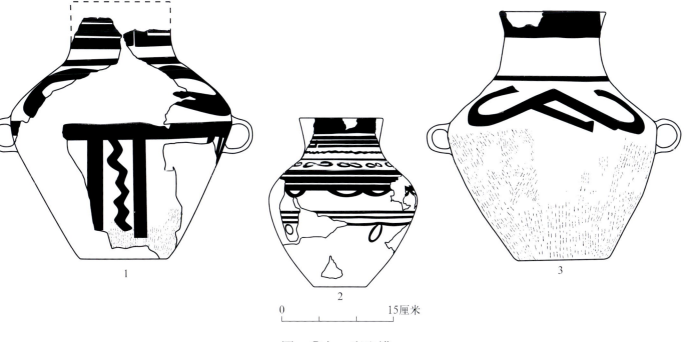

图一〇九　彩陶罐

1、3. 双耳彩陶罐 1∶53、55　2. 彩陶罐 1∶54

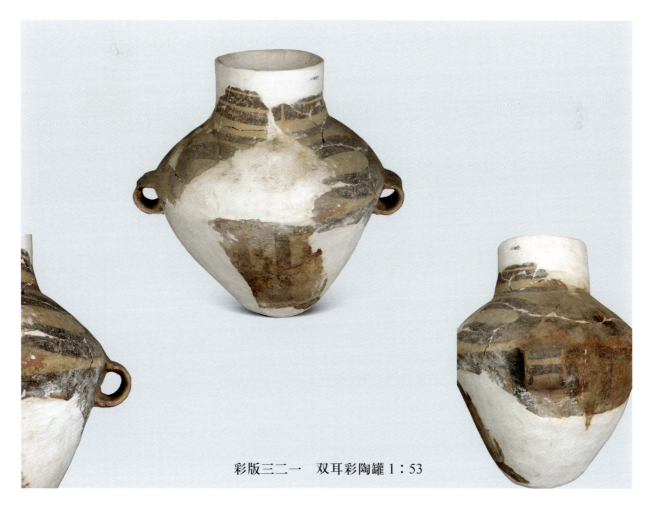

彩版三二一　双耳彩陶罐 1∶53

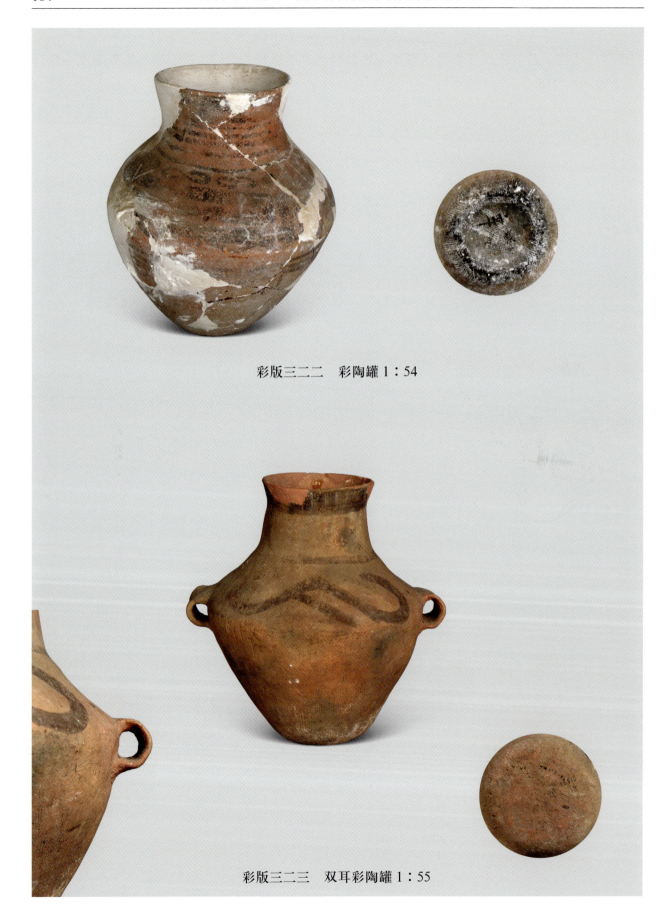

彩版三二二　彩陶罐 1：54

彩版三二三　双耳彩陶罐 1：55

标本 1：56，双耳彩陶罐。泥质红陶。侈口，圆唇，长束颈，溜肩，有对称双系，鼓腹，下腹弧收，平底。颈部饰多道黑色条带纹，桥耳饰多道黑色竖条带纹，腹上半部饰黑色宽条带折线带纹，下腹施多条竖向双条带纹。口径 11.2、底径 6.6、高 17.7 厘米（图一一〇，1；彩版三二四）。

标本 1：57，双耳彩陶罐。泥质红陶。侈口，圆唇，长束颈，弧肩，肩颈处有对称双系，鼓腹，下腹弧收，平底。通体施绳纹。近口处饰一道黑色粗条带纹，颈及腹上半部饰黑色粗条带纹，与上部粗条带纹构成"π"形。器底有墨书"辛"字，原"中央博物院"JW 开头的编号，"K"后面带数字编号，"P"，英文"Hsin Tien A"（辛店 A），"SK.1.5…"。1.5 后面的英文已不太清晰。口径 10.3、底径 5.2、高 15.8 厘米（图一一〇，2；彩版三二五）。

标本 1：58，双耳彩陶罐。泥质红陶。侈口，圆唇，长束颈，溜肩，有对称双系，鼓腹，下腹斜收，平底。颈部饰多道黑色条带纹，最下一条为水波纹带；腹上半部饰黑色牛角形卷曲条带纹，中加"z"形纹，腹下部饰多条竖向条带纹。口径 11.7、底径 6.2、高 17.2 厘米（图一一〇，3；彩版三二六）。

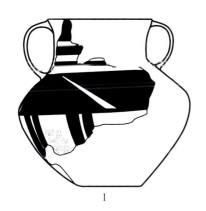 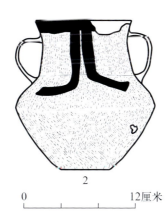 

0 ————————— 12厘米

图一一〇　双耳彩陶罐
1～3. 双耳彩陶罐 1：56～58

彩版三二四　双耳彩陶罐 1：56

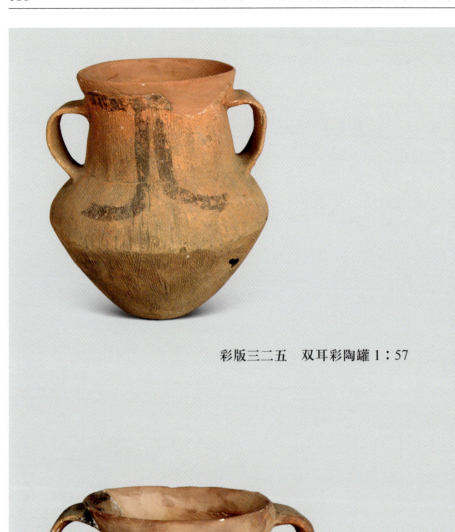

彩版三二五　双耳彩陶罐 1∶57

彩版三二六　双耳彩陶罐 1∶58

　　标本 1：59，双耳彩陶罐。泥质红陶。侈口，圆唇，长束颈，溜肩，肩颈处有对称双系，鼓腹，下腹弧收，底略内凹。颈部饰一道黑色宽条带纹，腹上半部饰一道黑色粗条带纹与黑色斜向"∧"形条带纹的组合图案。下腹部施绳纹。器底有墨书"辛"字，原"中央博物院"JW 开头的编号，"K5643""P"。口径 10.9、底径 3.9、高 17.2 厘米（图一一一；彩版三二七）。

0　　　　　　　　　　12厘米

图一一一　双耳彩陶罐 1：59

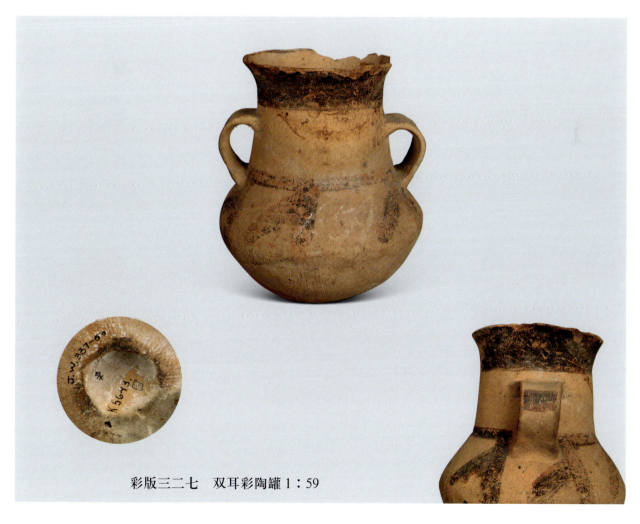

彩版三二七　双耳彩陶罐 1：59

标本 1：60，双耳陶罐。泥质红陶。直口，圆唇，长直颈，弧肩，有对称双系，鼓腹，下腹弧收，底内凹。通体施绳纹。器底有墨书原"中央博物院"JW 开头的编号，残留多个英文字母，其含义已不清。口径 10.6、底径 3.3、高 14.8 厘米（图一一二，1；彩版三二八）。

标本 1：61，双耳陶罐。泥质红陶。直口，圆唇，长直颈，弧肩，有对称双系，连接于肩颈处，鼓腹，下腹弧收，底略内凹。通体施绳纹。器底有墨书"辛"字及原"中央博物院"JW 开头的编号。口径 9.5、底径 5.7、高 14.4 厘米（图一一二，2；彩版三二九）。

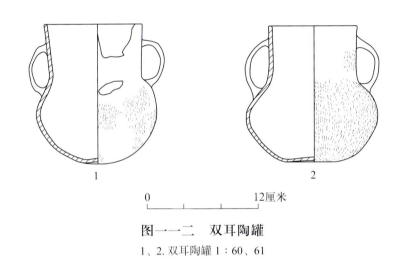

0　　　　　　12厘米

图一一二　双耳陶罐
1、2. 双耳陶罐 1：60、61

彩版三二八　双耳陶罐 1：60

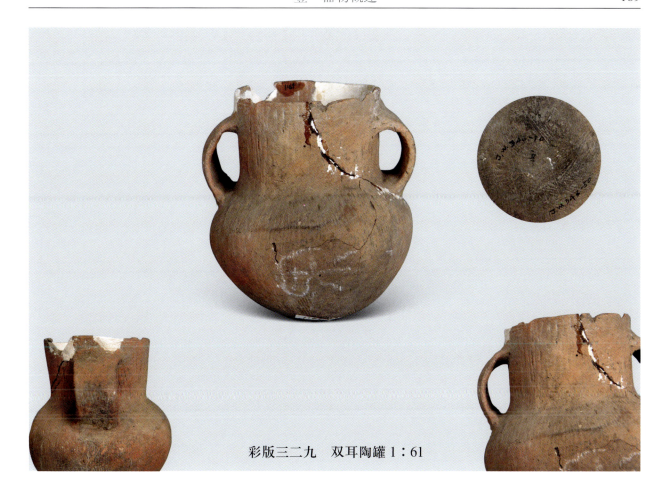

彩版三二九　双耳陶罐 1∶61

标本 1∶62，彩陶罐。泥质红陶。侈口、圆唇、束颈、溜肩、鼓腹，两侧有对称双錾，下腹弧收，平底。颈部饰上下一粗一细两道黑色条带纹，腹上半部饰一道黑色水波纹带。口径 11.4、底径 5.7、高 10.3 厘米（图一一三，1；彩版三三○）。

标本 1∶63，双耳彩陶罐。泥质红陶。侈口、圆唇、长束颈、溜肩，有对称双系，连接于口沿及上腹部，鼓腹，下腹斜收，平底。颈部饰一道黑色宽条带纹，一道黑色细水波纹带，腹上半部饰一道黑色宽带折线条带纹。器底有墨书原"中央博物院"JW 开头的编号。口径 8.3、底径 5.5、高 9.4 厘米（图一一三，2；彩版三三一）。

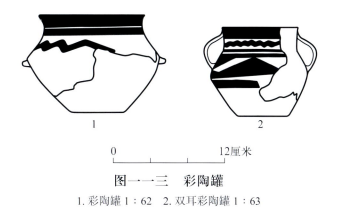

1　　　　　　2

0　　　　　　　　12厘米

图一一三　彩陶罐

1. 彩陶罐 1∶62　2. 双耳彩陶罐 1∶63

彩版三三〇　彩陶罐 1：62

彩版三三一　双耳彩陶罐 1：63

标本 1：64，彩陶罐。泥质红陶。侈口，圆唇，束颈，斜肩，鼓腹，两侧有对称双錾，下腹弧收，平底。颈部饰一道黑色宽条带纹，其下为一道黑色细水波纹带，腹上半部饰一道黑色宽带折线条带纹，下腹部饰多条黑色竖向双条带纹。器底有墨书"辛"字，原"中央博物院"JW 开头的编号，"K5395"，英文"Bought in Lanchow"（购于兰州）。口径15.9、底径8.6、高9厘米（图一一四，1；彩版三三二）。

标本 1：65，彩陶罐。泥质红陶。侈口，圆唇，束颈，斜肩，鼓腹，一侧有錾，下腹弧收，平底。颈部饰一道黑色宽条带纹，其下饰黑色细水波纹带，腹上半部饰两道黑色细条带纹，其间等距分布三角形纹。器底有墨书"辛"字，原"中央博物院"JW 开头的编号，"K5546""P"。口径11.6、底径4.7、高9.4厘米（图一一四，2；彩版三三三）。

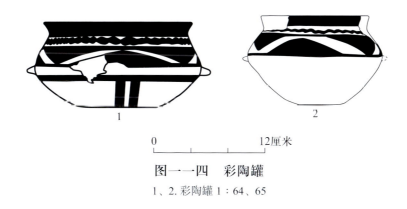

0　　　　　　12厘米

图一一四　彩陶罐

1、2. 彩陶罐 1：64、65

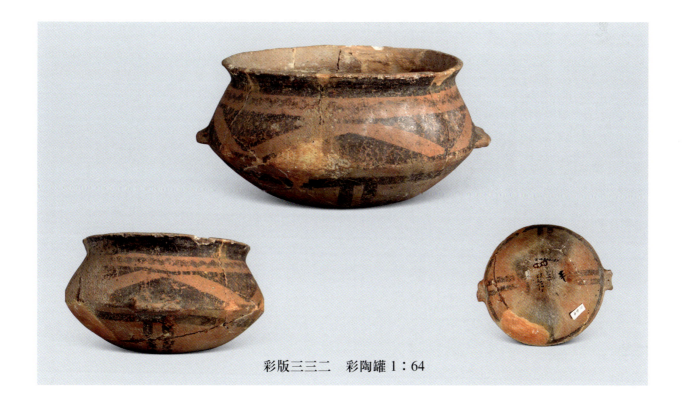

彩版三三二　彩陶罐 1：64

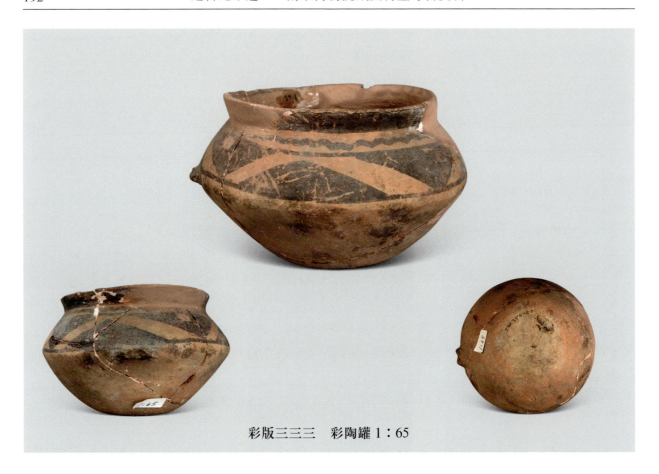

彩版三三三　彩陶罐 1：65

贰　溯本求源　赓续文脉
——南京博物院藏安特生相关文物溯源

南京博物院是中国第一座由国家投资兴建的国家级综合性博物馆，珍藏有 43 万余件文物藏品，门类齐全，内涵丰富，独具特色。从时代上看，藏品不仅包括旧石器时代的人类遗物，各个历史时期的文物，解放战争时期的革命文物，还收藏有现当代知名的艺术品；从数量上看，其中近三分之二是全国性文物，另外三分之一则是具有江苏地域性特色的文物；从来源上看，既有典藏明清皇家宫廷传世品，又有各时期科学严谨的考古发掘品，还有民族民俗学调查的采集品。这些藏品都是中华文明历史发展最为直接的见证，每一件藏品都有着属于自己的故事。

一　南京博物院藏安特生采集文物情况介绍

在南博丰富多样的藏品中，有 28 件彩陶器和 305 件石器，虽然外表平平但蕴含着丰富的历史、文化和艺术价值。它们不仅经历了岁月的洗礼，承载着时代的印记，也是一段特殊历史的见证者。它们记录了中国早期考古发掘的艰苦岁月，而且还反映了不同文化的交流和融合，是早期中外学术合作的直接产物，有着非同寻常的重要意义。通过研究这一批藏品，我们可以更好地了解这段历史，了解这段特殊时期中关于它们的珍贵记忆。

这 333 件藏品信息中都清楚地标注其来源为安特生采集，这是一个非常有趣且具体的信息。安特生（Johan Gunnar Andersson），是杰出地质学家、考古学家，瑞典人，中国考古学的先驱者，仰韶遗址的发掘者，也促成了周口店北京人遗址的发现。安特生在中国的考古工作主要集中在黄河流域，特别是河南、甘肃、青海等地区史前遗址的发掘，对中国的考古发掘和研究工作做出了重要贡献，是一位成就卓著的学者。

1914 年中国政府特聘安特生为农商部矿政司顾问，主要是负责协助寻找铁矿和煤矿，安特生由此便开始在中国的地质考察工作。但是至 1920 年，安特生在华工作重心先是经历了从地质学到古生物学的转变；尔后 1920 年安特生发表了《中国新石器类型的石器》一文，1921 年又发掘了仰韶遗址，实现了从地质学家向考古学家的华丽转变。直至 1926 年离开中国，安特生的工作重心一直在考古调查和发掘方面。

305 件石器均属于新石器时代的遗物，采集自河南仰韶、河北宣化、龙关等地，大部分标明了采集的具体地点，如其中一石斧采集地标注"直隶宣化县南九十里东城"（标本 0：260）。石器的主要器类有石斧、石锤、石锛、石凿、石刀、磨石等。体型最大的是一件石斧，未标明具体采集地，长 19.7、宽 7.7 厘米，琢并加磨，薄头锐刃，横切面略呈长方形。

28 件彩陶也都是新石器时代的遗物，属于辛店、马厂和半山文化。来源与石器略微不同，藏品卡片记录为"安特生甘肃采集，本院同仁在南京八宝前街 19 号获得"，且有少量彩陶器底有英文记录当时的采集地，如其中一件彩陶底部写有"Bought in Lanchow"即购置于兰州（图一一五）。彩陶均为罐，体型最大的是一件半山期的双耳彩陶罐，带耳宽 42.8 厘米，高 42.3 厘米，罐体呈肉红色、长颈、直口，腹部较大，主体花纹为黑色，腹上部由粗细不同的几何线条构成，腹部中间饰一圈螺形花纹；最小的则是一件辛店期的彩陶小罐，高 9.4 厘米，最大腹径 12 厘米。全器土红色，大口短颈，置双耳，全身均饰以黑色纹饰，多线条和圆圈组合纹，平底，底部有两处黑色，可能是陶胎未干受火烧所致，或者是陶器在窑内火焰未能直接烧及而成此现象。

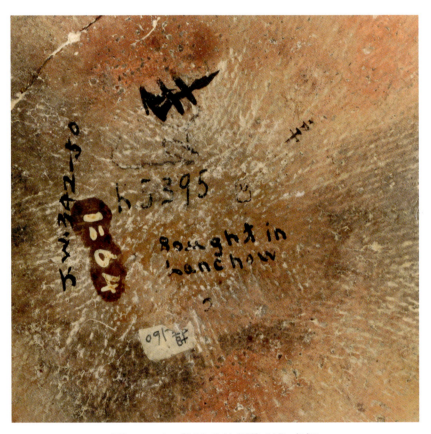

图一一五　购置于兰州的彩陶底部

二　中央博物院筹备处接收北平国立历史博物馆藏品

305 件石器是同一批次入藏我院的，其入藏批次号是 1945 年第 27 批，在《中央博物院收入物品登记簿》上可查得收入日期为 1945 年 3 月 21 日，当时收入的数量为 340 件，物品描写为"安特生在热河、河北、河南等地所采集石器"（图一一六）。

南京博物院前身为中央博物院筹备处，1933 年是在"政府及各学术团体渴望有一完善之博物馆，汇集数千年先民遗留之文物及灌输现代智识应备之资料，为系统之展览，永久之保存，借

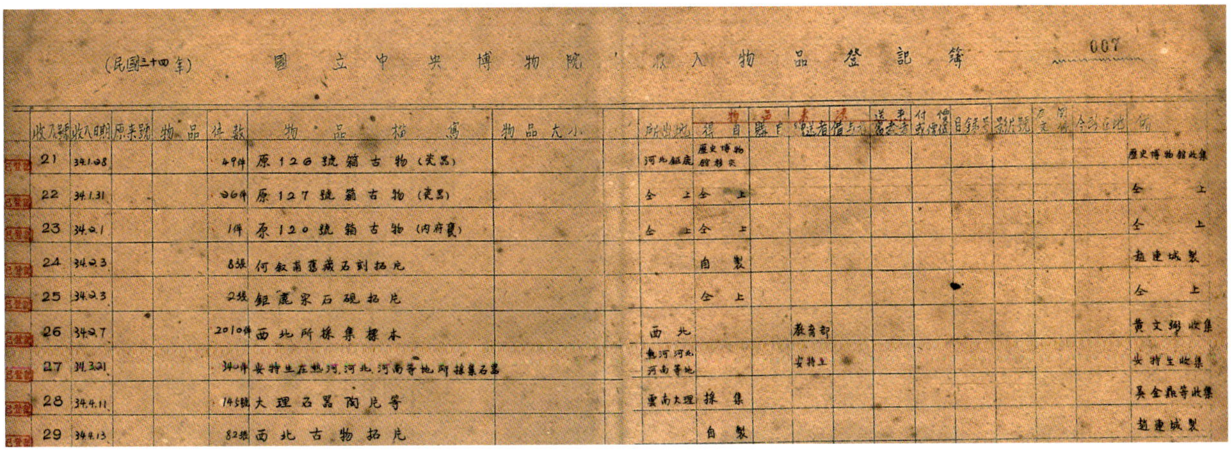

（民國三十四年）　國立中央博物院收入物品登記簿　007

收入號數	收入日期	件數	物品描寫	所出地	採自	送者	備
21	34.1.28	49件	原126號箱古物（瓷器）	河北鉅鹿	歷史博物館移交		歷史博物館收集
22	34.1.31	26件	原127號箱古物（瓷器）	仝上	仝上		仝上
23	34.2.1	1件	原120號箱古物（内府舊）	仝上	仝上		仝上
24	34.2.3	8張	何叙甫舊藏石刻拓片		自製		趙連城製
25	34.2.3	2張	鉅鹿宋石硯拓片		仝上		仝上
26	34.2.7	2010件	西北所採集標本	西北		教育部	黄文弼收集
27	34.3.21	340件	安特生在熱河、河北、河南等地所採集石器	熱河河北河南等地		安特生	安特生收集
28	34.4.11	145號	大理石器陶片等	雲南大理	採集		吴金鼎等收集
29	34.4.13	82張	西北古物拓片		自製		趙連城製

图一一六　1945 年“中央博物院”收入物品登记簿

以提倡科学研究，辅助公众教育”[1] 的背景下由蔡元培倡议建设的一座国家级综合性博物馆，中央博物院筹备处成立后，即接收国有文物机构的大量藏品，其中也包括北平国立历史博物馆的馆藏。

1912 年，在时任教育总长蔡元培和社会教育司佥事周树人的筹划下，于北平国子监创设国立历史博物馆筹备处，之后移到故宫午门城楼和东西朝房，1926 年正式开馆，它是中国第一座国家建立的博物馆。据《中华民国国立历史博物馆概略（1925 年）》记载，经过筹备处十余年之努力，已征集到 215177 件藏品，分为 26 大类。第 2 类石器即有安特生博士捐赠古代石刀石斧等；第 6 类陶器亦有安特生博士赠送之上古残鬲[2]。李守义在《民国时期国立历史博物馆藏品概述》之政府移交藏品中提到，1925 年地质调查所移送安特生在河南、河北等处采集所得上古石器、甘肃远古彩色陶器残片等共计 183 件[3]。

1931 年“九·一八事变”后，故宫的古物开始南迁，国立历史博物馆重要典藏也先后分批南迁。1936 年 7 月，国立历史博物馆的隶属关系发生变化，“奉准自二十五年七月实行接受合并，国立历史博物馆藏品亦为中央博物院基本物品”[4]。原属中央研究院的国立历史博物馆改属中央博物院筹备处，其21万余件珍贵藏品亦划给中央博物院。在《国立中央博物院筹备处收集藏品目录》人文馆中第十项，即北平国立历史博物馆所移交古物，接收时间标注为民国二十五年（1936 年）七月，而这项古物移交按不同批次先后运京（南京），每一批次都有详细的物品记录，其中第八批运京古物就记录为安特生所采集的石器 340 件及陶片 68 件。

据以上记录可以推测，我院现藏的安特生采集石器是 1925 年地质调查所移送（或捐赠）北

[1]　国立中央博物院筹备处编印：《国立中央博物院筹备处概况》，1942 年，第 3 页。

[2]　中国第二历史档案馆：《中华民国史档案资料汇编（第三辑·文化）》，江苏古籍出版社，1991 年，第 278、279 页。

[3]　李守义：《民国时期国立历史博物馆藏品概述》，《中国国家博物馆馆刊》2012 年第 3 期（总第 104 期），第 144 页。

[4]　刘鼎铭：《国立中央博物院筹备处 1933 年 4 月～1941 年 8 月筹备经过报告》，《民国档案》2008 年第 2 期，第 29 页。

平国立历史博物馆收藏，而北平国立历史博物馆在时局紧张之时将这批石器南迁，1936 年，因国立历史博物馆的隶属关系变化，这批石器划拨给中央博物院筹备处。1945 年，中央博物院筹备处选取 305 件石器登记入藏为正式藏品，自那以后这批石器一直保存在南京博物院。

三　南京博物院依靠群众收集远古彩陶

28 件彩陶器都是 1950 年第 33 批次入藏我院的。在中华人民共和国成立初期，我院入藏仍沿用国立中央博物院的方式，记录藏品收入簿中，收入日期是 1950 年 8 月 28 日，来源记录为本院同仁在 5 月 22 日于南京八宝前街十九号搜集到一批史前彩陶器，备注中记录说明为安特生在甘肃采集（图一一七）。在 1950 年的《文物参考资料》有详细记载：

"国立南京博物院依靠群众搜集到大批彩陶……董思勇同学，住在南京八宝前街十九号……偶然在地上发现有花纹的残陶器和陶片，上面并写有英文字……即携带两件由学校转交南京博物院。该院在五月二十日派人携回残陶片一件，经初步鉴定确系史前甘肃彩陶文化第四期辛店期的陶器，从编号的笔迹上看，大概是瑞典考古学家安特生采集品的遗留。二十二日该院又派工作人员再次前往调查，在东墙角发现六箱大小不同的成百件彩陶片，最下层一箱为一件大彩陶罐，因积水太久，陶罐花纹完全剥落……搜寻结果，初步统计，计获得仰韶期大彩陶罐五件，辛店期残

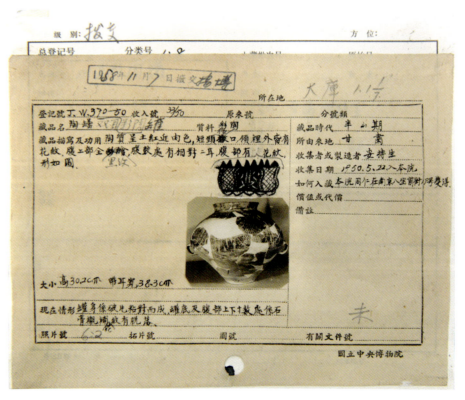

图一一七　彩陶藏品卡片

陶罐五件，各种彩陶片百余件，其中可修整的约十余件。"[1]

　　报道后续还提到八宝前街十九号是原国民党周姓军人住宅，这六箱陶器运到家后即一直放在墙边，在中华人民共和国成立前，该军人逃往台湾。有关这批彩陶来源的记录可能就止步于此了，不过关于这批彩陶的研究一直没有停止过。在1924年年底，瑞典以"中国科学研究委员会"名义，给中国地质调查所提出了关于"安特生在中国考古采集品"的协议。1925年年初，中国地质调查所回复了该协议，中瑞双方通过这两封书信协商决定：这批遗物全部送去瑞典整理研究，有关研究成果资料报告在中国地质调查所《中国古生物志》系列上发表，整理研究时限为两年，结束后将其中的一半退回中国。

　　1925年年底，安特生在中国考古采集品通过海运送至瑞典做整理研究，按照协议，应该从1927年开始将运瑞文物的一半返还给中国。关于这批文物的数量，《中国之前的中国：安特生、丁文江和中国史前史的发现》一书中提及"采集寄到瑞典自然历史博物馆、乌普萨拉大学进化博物馆的化石及东方博物馆的考古收藏"[2]"3万件收藏在东方博物馆的陶片及完整的修复陶器"[3]，都是安特生在1921年至1924年在河南和甘青地区考古调查发掘和收购的。该书作者之一马思中曾任瑞典东方博物馆的馆长，可想这批文物的数量应该大致是可靠的。

　　那么，按照当年协议，1927年应该返还中国的另外一半文物现在何处呢？安特生在1936年至1937年进行了最后一次的中国之行，访问了中国地质调查所在南京新建的博物馆，曾看见他从瑞典返还中国的那批史前文物。安特生在《在战火之中》记述："最先看到的是我们曾拿到斯德哥尔摩研究记录过的甘肃精美陪葬陶罐，现在已经从北京迁移到此展览。从技术上来说，斯德哥尔摩东方博物馆以赏心悦目的展览方式展览，瑞典的一半之文物比这里好得多。这其实并不奇怪，因为这边的博物馆要展现与欧洲一样大的面积的材料。因此，只好满足于把陶罐中最优秀的作品选出来，用一种我们并不会赞成的比较拥挤的展览方式来展出。"[4]这也是民国时期瑞典返还中国史前文物的唯一一次记载。

　　安特生在中国所采集和发掘的所有文物编目都以字母K＋阿拉伯数字编号，对所有文物进行了详细的编目，返还文物每件都有另加说明，因此按照编号都可以回溯。所有返还文物都写有P（北京）的字样，既体现在目录里，也体现在文物本身的标记上，留在瑞典的文物，则以S（斯德哥尔摩）标示[5]。现收藏在东方博物馆的一些陶片或陶器上也还是有标识P的字样，按照当时的协议，这些都应该是属于返还中国的那部分（图一一八）。

　　南京博物院收藏的这28件彩陶器器底，部分有K的编目号码，因年代久远且底部都有磨损，能够辨识出来的编号仅有K5081、K5175、K5240、K5295、K5395、K5485、K5546、K5643、

　　[1]　《国立南京博物院依靠群众搜集到大批彩陶》，《文物参考资料》1950年第Z1期，第57、58页。

　　[2]　陈星灿、〔瑞典〕马思中著：《中国之前的中国：安特生、丁文江和中国史前史的发现》，瑞典东方博物馆，2004年，第63页。

　　[3]　陈星灿、〔瑞典〕马思中著：《中国之前的中国：安特生、丁文江和中国史前史的发现》，瑞典东方博物馆，2004年，第141页。

　　[4]　陈星灿、〔瑞典〕马思中著：《中国之前的中国：安特生、丁文江和中国史前史的发现》，瑞典东方博物馆，2004年，第73页。其引用安特生的《在战火之中》。

　　[5]　陈星灿、〔瑞典〕马思中著：《中国之前的中国：安特生、丁文江和中国史前史的发现》，瑞典东方博物馆，2004年，第141页。

图一一八　彩陶的底部编号

K5764、K5815、K5984 这几件，其中 K5175、K5240、K5395、K5546、K5643、K5764、K5815、K5984 这八件彩陶底部还标注一个小方框，方框内标注字母 P（北京）。虽然这些 K 的编目号码还未能和瑞典东方博物馆当年装箱返还中国的文物清册进行核对，但从种种迹象可以肯定，南京博物院这批彩陶应该属于民国时期瑞典返还安特生在中国考古采集的文物。由此可见，当时瑞典是有按照协议内容返还安特生在中国考古采集品。

　　然而在经历过战火纷飞的年代后，返还的其他安特生在中国考古采集品现在又都在何处呢？2005 年，中国地质博物馆在库房中偶然发现了 3 箱陶罐和陶器碎片，经中瑞双方鉴定，确是失踪已久、见证了中国考古学发展历史的仰韶遗址文物的一部分[1]。另外，据了解，在南京地质博物馆也有数十件与安特生相关的新石器时代石器。但目前所知的这些与当时协议返还文物数量还是有很大差距。对于安特生返还文物的探索工作，无论是站在考古学史还是地质学史，或者中外文化交流层面都有着非常重要的意义，今后还需要更为努力地找寻。

（姚文娟：南京博物院）

---

[1]　陈洪波：《安特生：中国现代考古学的开山人》，《大众考古》2013 年第 1 期，第 29～32 页。

叁 安特生与仰韶陶片
——寻回远去的记忆

2021 年是仰韶文化发现 100 周年纪念。1921 年，任职于北洋政府农商部的矿政顾问安特生受中国官方委派并经中国政府批准，前往河南渑池仰韶村进行考古发掘，发现了以磨制石器与彩陶为特征的史前文化，并将之命名为"仰韶文化"。这标志着中国新石器时代考古学的开始，也标志着中国现代考古学的诞生。

安特生是瑞典地质学家、考古学家，1914 年来华，工作 11 年。经过几十年时间断层，中国地质博物馆在 2004 年重拾记忆——因为在库房发现了安特生收集、研究的仰韶陶片。

图一一九　在中国地质博物馆库房发现的陶片

发现古陶片

2001 年，中国地质博物馆修缮改造工程开工，标本转运至原国土资源部东郊仓库保管。2004 年，标本回迁后开箱，发现了一些古陶器碎片（图一一九）。

中国地质博物馆主要收藏地质标本，每件藏品历史都以百万年甚至亿年为计量单位。因此，工作人员对发现只有不到一万年历史的人类文化遗物很不解。咨询早已退休的老馆员胡承志先生，又询问了来访的中华社会文化发展基金会抢救流失海外文物专项基金的张永年主任，方获得一点线索：它们很可能是当年瑞典来华科学家安特生收集的仰韶陶器。这批仰韶文物数量巨大，但中方有关这批文物的文献记载已无从查找，只有瑞典东方博物馆还保存着它们的文献记录。于是，我们与东方博物馆联系，发去了陶片照片。东方博物馆马上安排了访问。

2006 年，笔者受中国地质博物馆委派，去往瑞典斯德哥尔摩的东方博物馆。在东方博物馆，参观了"中国之前的中国"展览和藏品库，见到安特生在中国采集的一大批色彩鲜艳、器形硕大的仰韶陶器，感觉震撼。

东方博物馆研究部主任艾娃全程陪同。她说："这些是安特生博士采集的全部仰韶期文物的一半，另一半在中国，曾在中国地质调查所陈列馆展览和典藏。但从 1936 年安特生博士最后一次在南京见到它们后，就再无音信，据悉已经失踪。你们找到的这几块残片是令人振奋的发现。"

安特生其人与来华经过

图一二○　安特生工作照

　　安特生早年曾是知名的极地探险家，后因在中国的仰韶发掘等成果而获得"中国嘎纳"（Kina-Gunnar）的名声，享誉国际地质学界和考古学界。安特生曾在中国地质博物馆工作多年，但几十年的消息隔绝造成馆内几乎无人了解其生平（图一二○）。出访前，艾娃博士特意发来安特生的简单介绍。

　　约翰·贡纳·安特生（Johan Gunnar Andersson）1874 年 7 月 3 日出生在瑞典厄勒布鲁省（Orebro）的克尼斯塔（Knista），自幼对化石感兴趣。他于 1892 年在瑞典乌普萨拉大学获得第一个学位，后多次参加和组织极地质考察，于 1901 年在乌普萨拉大学获理学硕士学位并通过博士答辩，1902 年获博士学位。

　　1906 年，安特生被聘为教授，并于同年被任命为瑞典地质调查所所长。

　　1910 年，远在瑞典的安特生担任第 11 届国际地质大会秘书长，成功组织各国地调所和地质学家编撰了一千多页两卷本的《世界铁矿资源》。书中收录天津北洋大学美籍矿冶教授李特撰写的有关中国铁矿资源的文章。

　　1910 年，状元实业家张謇提出"棉铁政策"，强调铁矿开发在国民经济发展中的重要地位。民国初年，张謇担任农商总长。

　　1914 年，第一次世界大战爆发，对钢铁需求剧增。军阀混战的中国也更加感到钢铁需求的迫切。因此，中国政府农商部看中了安特生。但洽商聘请一事还需有人"穿针引线"。这时，瑞典在华科学家新常富发挥了作用。

图一二一　笔者与东方博物馆研究部主任艾娃（左）和典藏部主任安娜（右）参观藏品库

　　新常富（Torsten Erik Nyström，1879～1963 年），瑞典化学家、地质学家，1902 年至 1911 年受雇于山西大学，是山西大学首批聘请的教授。来华前，新常富曾于 1899 年参加瑞典地质调查所组织的野外探险。1912 年，新常富在回国与瑞典地质调查所朋友聚会时结识了安特生并动员其来中国工作。回到中国后，新常富又通过在中国政府工作的学生联系，经过一段时间的努力，最终促成了安特生来华。

　　安特生来到中国后，被当时的农商部聘为政府矿政顾问，长期就职于中国地质调查所，从 1920 年起，在地质调查所地质矿产陈列馆，即现在的中国地质博物馆担任馆长。

从地质学家到考古学家

安特生来华后，首要任务是找铁矿。他在铁矿勘查方面成绩显赫，同时对中国史前史也很感兴趣。1920 年，馆长安特生派助手刘长山去河南采集标本。刘长山带回的标本中有数百件具有新石器时代特征的石器，来自渑池县仰韶村。安特生于是决定第二年赴仰韶考察。

图一二二 仰韶村当年出土的陶器

那时的安特生缺乏考古专业知识，也缺乏对世界最新考古成果的了解。他 1921 年春去仰韶村，首先发现了古陶片，但不知是否是石器时代的陶器。犹豫几天后，他才下定决心搞清石器与陶器的地层和年代关系。经过挖掘证明，仰韶村的陶器与石器产自同一地层，因此是同时期的文物（图一二二）。

安特生为办理发掘手续返回北京期间，在被赞誉为中国地质调查所两大宝库之一的地质调查所图书馆，即现在的中国地质图书馆潜心学习考古学知识，竟然查到美国地质学家彭拜莱编写、出版时间不长的中亚考察三卷本报告，看到了在中亚安诺的新石器时代地层发现的陶器残片彩色图片，颜色、纹饰与仰韶村发现的陶器风格很相似。为此，安特生备受鼓舞。

安特生充实了考古学知识又拿到政府批文后返回仰韶村，开始大规模的发掘。随后几年，安特生的发掘向西扩展到甘肃等地，发现了一套分布广泛、延续约 2000 年的新石器时代地层，其年代被命名为"仰韶期"。

瑞典返还仰韶文物的下落

安特生根据与中国政府的约定，将研究仰韶文物的成果发表在地质调查所出版物上，并于 1927 年到 1936 年，将约定鉴定研究后返还中国的仰韶文物分 7 批由瑞典斯德哥尔摩运回地质调查所，典藏在地质调查所陈列馆，1927 年至 1932 年几乎每年一批（图一二三）。

1936 年，安特生从瑞典来华，在搬迁到南京的地质调查所陈列馆专门参观了仰韶陶器。1937 年初，留在北平的地质调查所分所陈列馆的展出记录有仰韶陶器。侵华日军占领南京后的 1938 年，陈

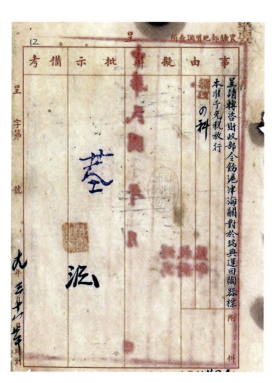

图一二三 第三批瑞典返还仰韶陶器入关免税批文

列馆主任盛莘夫撤离南京后提交的报告称，南京留有二百只陶器未被日本人发现。随后的十几年里，虽地质调查所陈列馆依旧报道有史前陶器展览，但是否为安特生采集的那批就不得而知。

20世纪50年代初之后的50多年，这批标志着中国现代考古事业开端的瑞典返还仰韶文物完全淡出公众视野，其踪迹再无任何报道。中国地质博物馆从2004年开始多方搜寻这批藏品，至今没有重大突破。

中国现代科学起步阶段，国家在选送大批优秀学子到西方国家学习的同时，又聘请了安特生等一批对中国友好的国际知名学者到中国工作，为中国现代科学的早期辉煌做出了难以磨灭的贡献。

在2021年10月17日召开的"仰韶文化发现暨中国现代考古学诞生100周年纪念大会"上，中国社会科学院学部委员、考古研究所所长陈星灿作为考古界代表，肯定了中国政府矿政顾问、瑞典地质学家安特生等人发现仰韶文化，"影响深远、意义重大"。

谨以本文纪念中国现代考古事业百年，纪念1916年成立的中国地质图书馆、中国地质博物馆建馆106周年。

石器时代，还是铜器时代？

仰韶遗址发掘过程中，出现过一些小插曲。

一次，一个小孩拿来一枚青铜箭头，说是在安特生的挖掘点找到的。对判定为石器时代的地层竟然出土金属器物一事，安特生很重视。但经过参与发掘的中国地质学家袁复礼对小孩反复盘问，方知是从村北一处汉墓附近挖来，只是想多换些铜板。小孩无知，只知铜比石头值钱，不懂石器和青铜器是时代不同、所属地层也不同的器物。

仰韶遗址发掘初期还遇到过一些令人迷惑的现象，例如地层中见到大量多孔的熔渣，很像金属冶炼的产物。安特生想，如果有金属冶炼痕迹，那就是比石器时代晚的地层。可如果进入青铜器等金属器时代，仰韶古人为什么放弃成形容易的金属器而继续费力地制作石器呢？安特生因此判断，熔渣应该是烧陶产生。果然，他在随后的发掘中找到了一片一端是熔渣的陶片，证实了他的判断。

前些年，有国内地质界专家提出，石器时代与青铜器时代之间应该定义一个陶器时代，理由是金属熔炼很可能源于新石器时代的陶器烧制。仰韶遗址发掘提供了金属熔炼源于陶器烧制的早期提示。陶器时代之所以没有得到考古学界和历史学界的广泛响应，是因为陶器只是新石器时代同期开始出现的生活物品，它从未像石器、青铜器、铁器那样单独承担过一个历史时期的主流生产工具，况且石器时代与青铜器时代之间并没有需要陶器独立"担纲的历史空隙"。

（曹希平：中国地质博物馆）

后 记

　　一个寻常的午后，与曾担任南京博物院典藏部主任的田名利先生闲聊，田名利先生讲起南博的藏品中，有三百余件与安特生相关的文物没有整理，也没有公开过。他个人认为比较重要，有必要进行梳理并争取找机会公之于众。我对此非常认同。鉴于他事务繁杂，我就接下这一任务并获得了院里支持。

　　在前期的资料整理过程中，江苏省地质学会詹庚申先生、南京博物院典藏部姚文娟女士分别对陶器和石器部分提供了相关来源信息。在完成了这批文物的拍摄及掌握了总体信息后，南京博物院作为主办方，从已知也藏有安特生相关文物的两家单位——中国地质博物馆、南京地质博物馆中，邀请相关专家、领导王玲（中国地质博物馆副馆长）、曹希平（中国地质博物馆前副馆长）、章其华（南京地质博物馆馆长）以及詹庚申（江苏省地质学会秘书长）、王涛（首都师范大学教授）、魏兴涛（河南省文物考古研究院研究馆员）等十余人作研究交流。其中，曹希平先生曾应邀访问过瑞典东方博物馆，对东方博物馆馆藏安特生相关文物有着直观和深入的认识。通过南京博物院藏品的登记信息以及陶器底部的原始标记，结合他在东方博物馆获得的资料，他认为南京博物院 1950 年入藏的 28 件安特生相关陶器，应来自民国时期瑞典政府所返还给中国的安特生在华考古或采集所得文物，并获得与会同仁的首肯；而 305 件石器，综合南京博物院藏品信息，则认为其来源于安特生在华考古调查采集所得，并未离开过中国。

　　在对这批藏品来源达成共识后，大家希望将这批材料整理出版，一方面让文博界同行了解这一藏品信息，同时也希望通过这批材料的出版，吸引对民国时期安特生返还文物这一事件更多的关注。经过一段时间的整理，终于将这批材料匆匆成册。本书《安特生漫谈（代序）》及正文《器物概述》为徐建清执笔，《溯本求源 赓续文脉》由姚文娟撰写，《安特生与仰韶陶片》由曹希平供稿。因本人已长期没有在考古一线，在编写过程中自觉很是生疏，非常忐忑。但还是希望这批材料的出版，作为基础性工作，可以推动安特生的相关研究，也对今后与安特生相关的陈列展览、文物典藏能够起到哪怕一点点作用。并在此向田名利先生、詹庚申先生等饱含热情、无私支持本人完成这项工作的同仁表示诚挚的感谢。

徐建清

2024 年 5 月